近代中日關係研究 第一輯 8

日本近衛文麿日記

近衛文麿編
陳鵬仁譯著

蘭臺出版社

目次

自以塞班島為中心之馬里亞那群島之海戰[1]以來，戰局於我國日非，上下憂心忡忡。特別是天皇自不必說，重臣也正為其對策而苦心焦慮。為後世，我擬記下與其有關之動向之概略。

昭和十九年（一九四四）年七月五日於荻外庄[2]

---

1 馬里亞那海戰開始於一九四三年六月十九日，日本聯合艦隊第一機動部隊由小澤治三郎中將指揮，陣營以戰艦五艘、航空母艦七艘為中心，共計48艘，艦載機450架。美軍機動部隊包括15艘航母的154般軍艦，飛機1496架。美軍先行攻擊，日軍三艘航母被擊沉，飛機損失400架以上，美軍艦艇沒有損失，飛機損失也不多。由此，日軍在太平洋去制海權，從而導致東條內閣之垮台。

2 獲外庄為近衛在東京都杉井區之自邸。戰爭中常受憲兵監視。一九四五年十二月十六日，近衛不齒以戰犯嫌疑被盟軍之前來逮捕，在這裡服毒自殺。

六月二十一日下午四時

在永田町首相官邸舉行重臣會議[3]

因東條首相[4]沒有積極報告戰況，若槻（禮次郎）[5]男爵問：

---

3 重臣會議系由曾任首相者和現任樞密院議長之會議。當時之重臣為近衛文麿、岡田啟介、若槻禮次郎、平沼騏一郎、阿部信行、廣田弘毅、米內光政以及樞密院議長原嘉道。

4 此時陸軍大將東條英機任首相兼陸相、參謀總長和軍需大臣。他一身四個官位，集最高政治、軍事權力於一身。東條於一九四一年十月十八日出任首相，一九四四年七月二十二日辭職，幹了兩年九個月。戰後作為以戰犯被判死刑，執行於一九四八年十二月，時年六十八歲。

5 若槻禮次郎，島根縣出身。曾兩度組閣，一九四九年去世，八十四歲。

男爵：報紙報導說，飛機、船舶有損失，難道軍艦沒有損失嗎？[6]

首相：有。

男爵：如果有損失，這是不是艦隊與艦隊人之戰爭？

首相：是的。

男爵：損害程度如何？

首相：我想是六比四。唯因我方會高估（戰果），或許是五比五。

此時，岡田（啟介）[7]大將突然發言：

「理大臣是不是稍稍放下一些擔子好一點？」

首相反問這是什麼意思？於是岡田大將又說：

---

6 對於馬里亞那海戰，日本大本營（一九四四年六月二十日）作了如下的發表：一、擊沉美方戰列艦一艘，巡洋艦兩艘，驅逐艦一艘，潛艇一艘。二、擊破航母四艘以上，戰艦兩艘，巡洋艦四艘，運輸船六艘，艦種不詳一艘。三、擊落三百架以上飛機。日方船舶、飛機有相當損失。（以上日本大本營發表是吹牛的數字——譯者）

7 岡田啟介，福井縣出身。海軍大將。曾任首相。他是二．二六事件當時的首相。為打倒東條內閣的中心人物。一九五二年去世，年八十四歲。

「要兼四項工作不容易。尤其參謀長，晚上可能會來電報，半夜常常被叫起來，不可能睡好。所以我建議是不是放下一些重擔。」對此首相不予回答。

六月二十二日夜

長尾邸[8]宴會

下午六時宴會，東久邇宮[9]殿下六時半到達。他喊我到隔壁房間，談了大約一個半小時。殿下看到我便說：

---

8 長尾邸是「若元」社長長尾欽彌之邸宅，位於東京都世田谷區深澤。因近衛與其有深交，時或利用這裡和皇族會面。

9 東久邇宮為久邇宮朝彥親王第九公子稔彥王。王妃為明治天皇之女。陸軍大將。戰後於一九四五年八月十七日組閣，近衛出任其不管部大臣。十月五日辭職。

東條這次已束手無策。我所遲到是因為東條派人來看我。使者不是赤松[10]，是另外一個秘書官。

使者轉達東條的話：「我一定全力做事，但現在實在做不下去了」。（注：似乎要拜託殿下組織下一個內閣）

於是他說，現在絕不可以辭職。即使內閣大改造也要幹下去。他認為應該由東條負責到底。局勢惡化不好時，統統是東條不好，一切責任推給他。換了內閣、責任將不明，最後責任可能要由皇室來負責。所以應該讓東條幹到底。上一次在這裡（長尾邸）見面時，你好像也擔心。

我又問殿下如何看法。殿下說：

「東條內閣早晚會倒台。因此要作最壞的打算。」

我：最後時，臣下恐怕扛不起來。只有請殿下或高松宮[11]出馬。

殿下：我有這樣準備。

10　即赤松貞雄陸軍大佐。

11　高松宮是大正天皇之第三子宣仁親王。海軍兵學校（軍官學校）和海軍大學校出身，海軍大佐。

六月二十四日

本戶內大臣[12]來訪（為文隆[13]訂婚之事作為媒人與夫人同來）。

以下是木戶內大臣的話。

我聯合艦隊認為這一次必須決戰，乃抱以很大期待出動大部分艦隊。接近敵人三百海浬處，由航母起飛飛機襲擊塞班島周圍之敵方機動部隊。但我方飛機幾乎全部被擊落，艦隊不得不由三百浬處撤退。在這途中，三艘航母被擊沉，其他損失不算很大，但實際失去了我海軍航空隊之精銳。

今後聯合艦隊已無法東山再起，木戶內大臣黯然。

我把東久邇宮殿下所說的話講給木戶內大臣聽，木戶內大臣又說：

12 木戶內臣為木戶幸一。侯爵。明治維新元勳木戶孝允之孫。

13 文隆是近衛文麿之長子，一九一五年四月出生。與京都西本願寺法主大谷光明之女正子結婚。他被徵召到東北，戰後被蘇軍帶走病死於蘇聯。

赤松（首相秘書官）於前一兩天往訪松平[14]處說「首相表示如有適當人選，他想辭職」，據說松平回答說：「先不談辭不辭，不如先減輕四個頭銜之負擔」。但此前一天，東條到我（木戶）這裡來，精神非常消沉，一個多小時沒說話，最後不得要領而去。

內大臣和我就戰局之不利，最壞時及東條辭職等問題交換意見，此時內大臣的想法如下：

（一）當國家方針決定立刻停止戰爭時，後繼內閣必將是皇族內閣。但要研究如不立刻停戰，還有其他的辦法沒有。

（二）如果決定停止戰爭，為防止陸海官民互相推諉責任，天皇需要表明願意負起全部責任。

（三）如果這樣，東條當然不敢坐視，應會採取適當措施。

六月二十五日

14 松平康昌，內大臣秘書官長。貴族院議員，侯爵。一九五七年去世，年63歲。

鈴本貞一[15]中將來訪

鈴木中將說：

此次事件海軍要負重大責任。蘇滿國境之難以攻陷的要塞，系陸軍花了六年歲月所完成的。反觀塞班島，海軍花了將近三十年，卻連一個混凝土要塞也沒有。所以才那麼簡單地淪陷。

六月二十六日

細川護貞[16]氏來訪

15 鈴木貞一，陸軍中將。曾任近衛第三次內閣國務大臣，企劃院總裁。

16 細川護貞是近衛公爵的女婿，曾任近衛之秘書，專門替高松宮做聯絡工作。他的日記非常有史料價值。十幾年前他來臺北時，馬樹禮先生請他晚宴，譯者曾作陪，跟他談話很多。

細川氏說：

高松宮殿下表示，聯合艦隊已無能為力，現今只有盡快謀求和平之一途。要我轉達近衛早日盡力。

六月二十八日下午八時

參謀本部之酒井中將[17]秘密來訪（他與戰爭指導課長松谷大佐[18]商議之後，由松谷去訪問松平內大臣書記官長，他自己訪問荻外莊）。

酒井中將表示「我之來訪請絕對不能讓東條（參謀）總長知道，給總長知道，立刻會遭受報復」，並說：

---

17 酒井鎬次陸軍中將。為著名的戰史專家，東條與其合不來，故令憲兵監視。

18 戰爭指導課長松谷大佐是松谷誠陸軍大佐。

第一，現今必須大大改變戰爭指導方針。
第二，但鑒於內外情勢，現在之當局不可能實現這一點。
第三，新方針要設法迅速結束戰爭。為此一方面要保存我方抗戰力量，一方面要做出決斷降低和平之條件。
其理由為：
第一，瓜達爾卡納爾作戰以來戰局之不利，主要肇因於我海空軍戰力之不足。此種雙方戰力之比率，今後必將對我方日益不利，更加嚴重。即時間對我不利，終致我本土被佔領，國民大眾死傷極多，物質施設被根本上破壞，戰後即使經過多年仍難再起，甚至將危害我國體。
第二，其所以會出現這樣狀況：
（一）在一九四二年前半期，未能以寬大的條件速戰速決結束戰爭。
（二）或爾後一時未控制作戰，在新佔領地未能以建設增強我國力，提高下一次作戰之戰力。因未能作到這一點而突然出現這樣的結果。
第三，現今已經失去速戰速決機會，建設亦因敵方破壞我交通和生產，故不可能。雖然已進入決戰期，我已喪失長期抗戰力量。

第四，德國還有相當的抗戰力量。即敵人必須將其戰力分散於東西兩戰略圈，利用這樣的機會推動和平，對我方比較有利。到德國沒落之後，再要和平即對我不利。

第五，因此現在是提出和平條件，趕快採取和平新方針最好的時候。但現今當局，因內外情勢，非常難以作此種決定。下一內閣，必須實現這種新方針，但為顧及萬一情況，應努力於儘量保存我現有戰力。

他同時表示，「這是參謀本部之中心意見」。於是我問：「實行此種方針陸軍能同意嗎？」

中將：今日大家不敢說而已，心裡頭都是這樣想。所以想請閣下報告天皇，由天皇問東條。

我：要怎麼問呢？

中將：（一）雖然有忠勇之陸海軍第一線部隊之奮鬥與中央統帥部之策劃，太平洋上敵方之進攻速度與威力日強，且已登陸塞班島。對今後作戰看法如何？

（二）雖然有政府周到之軍需生產計畫和國民之奮鬥，但軍需，特別是飛機及海上艦船之增產及石油之補給是否順利？對於今後軍需增產及石油補給之可能性看法如何？

（三）敵人已獲得靠近我國本土之基地，且已開始轟炸我本土。朕雖然深信臣民之拼命努力，但因敵方之空襲，我如何維持軍需產業及為完成戰爭所需國民生活？

（四）朕雖然深信軍官民一致之忠誠奮鬥及必勝之信念，但綜合以上各項，對於將來戰局之變遷，陸軍幕僚長之如何看法？

對於上述天皇之垂詢，參謀總長可能會這樣奉答：

第一，立刻提出辭呈。

第二，各人見仁見智，臣等極為慌恐。謹請裁示。

第三，相信勝利者一定會勝利。臣等一致協力，盡我等所能，堅持必勝之信念，全力以赴。

（附記：爾後令細川護貞氏請高松宮殿下上奏。殿下表示「東條可能奉答第三案。如果陛下沒有舉出數字，一直追問下去，東條可能會敷言塞責。但在實際上陛下很難提出數字來垂詢」一）

六月二十九日下午三時

在代代木會見松平侯爵（內大臣秘書官長）

我告訴他上述參謀本部之意向，希望能設法上奏，並要其寫下垂詢事項，請其與內大臣商議。秘書官長表示：

在大本營會議上，決定「不堅守塞班島。當然要儘量抵抗，但最後要全力保衛本土」。對此，海軍欲向陸軍借飛機以作最後之反擊，俾奪回塞班島。因為失去塞班島，將無法防衛日本本土。但陸軍絕不同意借飛機給海軍。一般認為，相比海軍焦眉之急，中國和緬甸的作戰暫時不是那麼重要，但島田[19]被東條壓倒，海軍內部以陸軍蹂躪了他們的熱切希望，對於島田之責難之更加高漲。

19　島田繁太郎，海相、軍令部總長、海軍大將。對於島田海相之兼任軍令部總長，海軍內存在相當大的反對意見，海軍大將岡田啟介主張確立統帥權，要島田大將下台。戰後，島田被判監禁終身，後來獲釋。

七月二日下午五時至七時左右

在目白邸會見岡田啟介大將[20]

岡田說，起初出任軍令部總長時，島田之聲望就是不夠的，後來又兼任海相，因此海軍內部議論紛紛。於是想恢復米內之現役，以為島田之商量對象，在徵得伏見元帥宮殿下同意，對島田提出此事時，島田竟以「米內[21]之前輩永野都已經做了元帥，現在自不可能恢復其之現役」為理由，予以拒絕。以後對於島田之批評更加激烈，乃欲留其為軍令部總長，換掉其海相之職，此時不僅伏見宮[22]，也徵得高松宮之同意。為取得反對派之諒解，我也告訴

---

20 《岡田啟介回憶錄》有東條威脅他的記載。

21 米內光政，山石手縣出身，海軍大將，曾任海相和首相。反對日德志三國同盟。在海軍內部極有人望。一九四八年去世，年六十八歲。

22 伏見元帥宮為貞愛親王第一公子博恭王。海軍大將。一九三二年列元帥府。當時海軍之最前輩。七十一歲去世。

了末次[23]，因為此時正是塞班島作戰期間，我（岡田）遂將此事告訴島田，（島田以「目前正在作重要作戰計畫，請稍微等一等」，予以拒絕。塞班告一段落之後，伏見宮親自往訪海軍大臣官邸[24]對島田說了與我（岡田）同樣的話，據稱島田這樣回答：

「我辭職的話東條也要辭職。東條辭職將成為政治上的重大事件。殿下如果參與此事，將被卷入其漩渦。」

因殿下出面也沒有用，我（岡田）乃於二十六日（六月）親自往訪東條。東條開口就說，我掌握情報，你的行動我統統知道。這是倒閣的陰謀。並說：

「海軍下面的人鬧事，長老要予以安服。二・二六事件[25]時海軍嘲笑說這是（陸軍的）

23　末次信正，山口縣出身。海軍大將。曾任內相，一九四四年去世，年六十五歲。

24　永野修身，高知縣出身。元帥，海軍大將。曾任海相、軍令部總長，戰後以戰犯嫌疑受審，在審理中之一九六七年去世，年六十八歲。

25　二二六事件發生於一九三六年二月二十六日凌晨，為大約1400名部隊之叛亂，襲擊首相官邸、警視廳等，殺死齋藤實內大臣、高橋是清財相等的事件。因此事件，岡田啟介內閣垮台。叛亂因昭和天皇命令鎮壓下去。

下剋上，今日之海軍豈不正是如此？」他這樣對付我。於是我說：

「我不知道年輕人在說什麼。我不是年輕人請我來的。因為只要覺得島田兼兩職不妥當，又覺得這樣對東條內閣不好，我就會來的。」

對此東條說：

我認為現今之體制最好。見仁見智，那也沒有辦法。

我（近衛）覺得這樣不行，乃於昨日（七月一日）往訪平沼[26]，告訴上述之經過，平沼說：

這樣的話就沒有辦法了，我惟有衛護陛下，鞠躬盡瘁。

我說：

最後雖然是這樣，但在此之前我們總得想想辦法。

平沼說：

東條與其說不被國民信賴，毋寧說為國民所怨恨。此時，應該有陛下之御親裁、聖斷才

---

26 平沼騏一郎，岡山縣人。曾任法相、首相。戰後被判監禁終身，於假釋中的一九五二年去世，年八十五歲。

好。所以由重臣來上奏如何？

我倆談話結果，平沼表示，在重臣上奏之前最好由你（近衛）好好和木戶內大臣談談。

岡田在詳細報告之後，請我來斡旋。岡田大將又說，他不知道海軍之損失有多大，但綜合來說，似還可以作一次最後的決戰。如果動員所有飛機之教官和教練機，可以成為一支戰力。這樣做之後，國民便會死心。說完了這些意見，岡田遂離去。

七月二日下午七時

邀松平秘書官長前來會見於代代木

首先我轉達岡田大將的話，爾後寫了我的想法，我文件交他轉給木戶內大臣參考。

自塞班作戰以來，海軍當局以聯合艦隊已無戰力，陸軍當局亦以整個戰局無好轉之可能性。即必敗乃為陸海軍當局共同之結論，只是沒有公開說它的勇氣而已。

此時，令陸海軍統帥首腦坦率確認此事實，乃是要務之急。其方法，因事關統帥事項，故由陛下以書面形式垂詢最為穩當。
對於上述垂詢，可能會出現下列情況。
（一）立刻呈遞辭呈。
（二）惶死之下恭請聖斷。
（三）怕負戰敗責任，不作明確奉答。
出現第三種情況時，不能不了了之，要追究到底。
現今內閣辭職時，由陛下下命皇族（以高松宮為最適任）組閣，依新內閣之輔弼，立刻下詔停戰。
至於現今內閣辭職之後，暫時組織主張繼續戰爭之中間內閣案，基於左列理由，不妥。
（一）敵方以東條為希特勒般之戰爭元兇，集中攻擊東條。如由其他負責人繼續戰爭，責任難分，結果將累及皇室。
（二）最近，東條說有倒閣陰謀。如出現中間內閣，陰謀說必將擴散，政局勢將更加混亂。
（三）如繼續戰爭，顯而易見，戰局一定日益不利，由之國民會以為因東條離去而戰敗，要維護新內閣之威信，將為非常困難。

因為上述第二、第三之理由，東條辭職時，有弄清楚辭職理由（戰敗責任）之必要、如果不弄清楚這一點（譬如以生病等理由），下賜慰勞之勅語等，下一個內閣，不管皇族內閣或中間內閣，必將極難有所作為、東條萬一因不慮之禍而死，其處理亦必須慎重（譬如國葬、誅詞等問題）。

關於停戰之詔書、有三案。

（一）向世界各國宣示，從人道立場提倡終結戰爭。

（二）稱已達到宣戰詔勅之戰爭目的（打破英美等之經濟上包圍），表示要停戰。

（三）鑒於戰局之變遷，因歷代君臣之情義，宣佈不忍心再令國民犧牲下去。

上述一與二，可能被世界嘲笑。三應該是最好。如此當改善皇室與臣民之關係，多多少少能夠解消思想之惡化以及勃發革命進而影響國體之危機。

停戰愈快愈好。但不能因為迅速停戰而期待多少緩和和平之條件。要有停戰即無條件投降之決心。有人往往會主張在有實力時迅速謀求和平。要保有艦隊完整之說法，就是從此種想法而來。但不夠懂得英美之戰爭目的說法。彼待之目的在於毫無保留地粉碎日德之戰爭力量，使其不再重蹈一次大戰之覆轍。因此欲靠剩餘實力以緩和求和條件是天真的想法。

欲迅速停戰只是為了維護國體。敵人如果完成在塞班島的基地，本月中我國六十餘州將在其轟炸範圍之內，加以聯合艦隊之無力，敵人可能隨時展開對日本本土之登陸作戰。若是，人和物資之損失將為中日事變以來之幾十倍甚至幾百倍。如果出現此種局面，最堪憂慮的是國體的問題。事實上，根據當局之說明，對於皇室之不敬事件[27]年年加速度地在增加，又第三國際[28]雖然已經解散，日本共產黨尚未重建，但左翼份子潛在於各方面，在煽動國民乘戰敗之機會發動革命。加以所謂右翼最強硬主張繼續戰爭，高倡消滅英美，大部分為右翼主改變者[29]，其真正想法實不可捉摸。這些人大有可能會乘社會之大混亂而混水摸魚。因此在必敗之際繼續無望之戰爭，在維護國體上最為危險。在此種意義上，立刻停戰非常重要。

如果立刻停戰給予不知真相之軍人和國民無常之衝擊，民心必將極端動搖，若是，即

---

27 不敬事件，一九四二年25件，一九四三年34件，一九四四年51件，一直在增加。

28 第三國際：一九一九年在莫斯科召開第一次會議，為共產國際。其世界大會最高機關，統一領導世界各國之共產黨和個人，後來因國際情勢之變化，和各國共產黨內部之情況，在二次大戰中之一九四三年解散。

29 打倒東條運動之先鋒，應該是代議士中野正剛。他於一九四三年元旦『朝日新聞』批判東條被捕，該年十月二十七日自殺。

使以皇族內閣，也絕難予以控制，則只有組織中間內閣。但該內閣應該以主張繼續戰爭的強硬份子來組織。上述反對中間內閣之理由的二及三，如果是強硬分子內閣，則多少能消除其憂慮。相反地，如果以所謂穩健分子來組閣的話，將被視為巴多格里奧政府[30]，根本毫無意義。

此種強硬分子所組織的中間內閣在對內政策上，認為不可能即時停戰時，會出動聯合艦隊，進行最後之一戰。這個決戰結果導致瀕臨戰敗，此時再停戰也不為遲。不等皇族內閣之出現，萬事亦可獲得解決。此亦不失為一案。

昭和十九（一九四四）年七月二日

以上。

30 巴多格里奧政府：二次大戰末期，王室、軍部等義大利政界上層，以軍部最有力、曾任參謀總長之巴多格里奧元帥為中心發動反墨索里尼政變，逮捕墨索里尼首相之後新成立之內閣。當時日本國民把它當作「出賣者」、「敗戰主義」之政權的代名詞使用。

七月三日晚八時半

往訪末次大將邸

末次大將說：

塞班島必將失陷。關島也將不保。後者的機場比塞班島的還要大。失去這兩不島，馬里亞那將落入對方之手。除北海以外，日本本土、臺灣、菲律賓、新幾內亞將被納入轟炸範圍之內，我方將無力繼續作戰。也就是說必須作最後決戰以奪回塞班島。我認為這是可行的。

我：但大本營已經決定方針，不是沒有辦法了嗎？

大將：改變內閣，重新來。

我：如果陸軍不借海軍飛機，不就束手無策了嗎？

大將：陸海軍能說的（陸軍是寺內[31]，因為他沒有私心，懂道理），要趕緊組織內閣。塞班島拖一天，美軍戰力將增強一天。所以這是爭一日之長短的問題。

31　寺內壽一：元帥，陸軍大將。東京都出身。寺內正毅元帥之長子。曾任臺灣軍司令官、陸相。一九三七年曾作教育總監，爾後出任華北方面最高指揮官，一九四三年到元帥府。戰後在新加坡扣留中去世。六十七歲。

七月四日上午十一時

松平秘書官長來訪

松平侯爵說，內大臣有兩案。

（一）由重臣直沖東條如何？

（二）內大臣表示，他和重臣都很憂慮。國民也很不安。內大臣很想聽聽對於戰局前途的意見。一，如果重臣和內閣衝突，可能與陸軍衝突。事實上東條說這是倒閣的陰謀，所以第二案比第一案好。內大臣這樣想，不知道意下如何？

對此我回答說，同意內大臣想法。松平侯爵又說：

「我將上一次之文件內大臣看，他說大致上想法一樣，但最後部分有些不同想法」，爾後離去。

七月五日上午十一時

小林躋造[32]大將來訪

大將說：

塞班島之戰，損失很大。根據海軍航空本部的說法，一直在說增產增產，實際上飛機完全沒有增加生產。製造出來的，都被擊落。這是因為材料不好所致。現在說在精選好材料，所以將來會好一點。我去土浦[33]看過，據稱現今有大約五百人在接受嚴格訓練。近日中可以補充。

32 小林躋造：廣島縣人。海軍大將。曾任聯合艦隊司令長官、臺灣總督。反東條。一九六二年，七十三歲去世。

33 土浦為海軍航空隊。從一九四〇年成為訓練基地。

七月八日上午九時左右

富田健治氏[34]來訪

他報告，據參謀本部酒井中將之口信，東條首相曾召集陸軍重要人士下了令人驚訝的命令。以下是酒井中將的話。

東條總長命令：「敵人登陸本土時，要有如在法國的德軍，退居到艦炮射擊射程之外防衛，要作這樣的準備。」

（注）此日下午，拜謁東久邇宮殿下時，報告了首相這個命令，殿下說確有其事。若是，海岸地帶將全部被佔領，敵人可能在新佔領地建立新的政權。這樣將不得了。

34 富田健治：兵庫縣人。曾任內務省警保局長和長野縣知事，第二次、第三次內閣之內閣書記官長，為近衛親信之一。後來出任貴族院議員，和細川護貞經當為近衛搜集有關情報。

（注）或許會把在美國的大山郁夫[35]帶回來，令其建立新的政權。又從莫斯科到延安，以與中共在一起之岡野某為首之被赤化的三百名華北日軍俘虜，在期待日本淪於此種狀況。事實上，岡野[36]曾經在廣播中宣稱希望母國日本早日戰敗）。

東條總長之想法既然如此，希望我的建言早日實現。

35 大山郁夫，兵庫縣出身。戰前，曾在早稻田大學教授、勞動農民黨中央執行委員長和眾議院議員。因遭受官警鎮壓，一九三二年亡命美國。在西北大學教日本、遠東政治經濟問題，英譯美濃部達吉博士之《憲法精義》。一九四七年回國，曾任參議員。獲頒史大林國際和平獎（後來改名「列寧和平獎」）。一九五五年去世。七十五歲。

36 岡野某：即二次大戰期間，以「岡野進」名字在中國從事對日工作之現在日本共產黨議長的野阪參三氏。山口縣人。慶應大學畢業後留學倫敦。一九二二年參與日本共產黨之創立。爾後被逮捕坐牢，一九三一年臨時出獄，逃往蘇聯。一九四〇年到中國，與毛澤東之共產黨合作，創辦日本勞眾學校，教育日本俘虜和展開反戰活動。一九四六年一月回到日本，曾任眾議員和參議員。

七月八日上午十時三十分

往訪木戶內大臣於內大臣官邸

轉達上述情況，內大臣表示：

是有艦隊決戰之最後方法，但整個戰局幾乎是絕望的。陸海軍可能會互相推諉戰敗的責任。因此認為有必要由陛下自己擔起一切責任，以避免國內這種爭執。也希望陛下負責以這樣方法處理海外日本駐屯軍之撤回。就此事我問重光[37]外相有沒有交涉之餘地，他說「非常困難。最後只有無條件投降。和平愈快愈好，但國內情勢不允許今日馬上著手和平工作。最快也是艦隊決戰戰敗之時」。他說：

松平宮內[38]大臣和重光外相持同樣意見。

37 重光葵，大分縣人。外相。曾任駐蘇、駐英大使，一九四五年九月日在密蘇里艦向監軍簽投書，戰後被判監禁七年，出獄後回政界，曾任副首相。一九五七年去世，六十九歲。

38 松平恒雄。宮內大臣，曾任外務次官、駐美、駐英大使。戰後為第一任參議院議長。秩父宮妃勢津子殿下為其長女。一九四九年，七十四歲時去世。

內大臣又說：

要東條辭職，陸軍可能會出於反擊，……。這是一種政變，所以要特別注意情勢如何。如果沒有搞好，可能遭到反噬。在這一點，我覺得岡田大將似乎把事情看得太簡單了。

（附記）我覺得內大臣稍稍有過於害怕陸軍之嫌，惟以其地位，必須特別慎重，應予以同情，故沒有深究。

內大臣因為特別慎重，不肯親自下手，但對於外國有此種氣氛，他卻很贊成（注：翼政會之強硬決議，事先曾請代議士請示，內大臣曾表示「好好」，煽動過他們），又內大臣對於皇族要動的事，不一定反對。

內大臣說，「本庄[39]大將似獲朝香宮殿下[40]受意而來訪，高松宮、東久邇、朝香三殿下，或許將拜謁陛下，就確立統帥權（注：有關免職東條首相之兼任參謀總長）有所上奏，所以我表示贊成，但至今似尚未實現、不管哪一位殿下，希望你也能予以促進」，而請我幫忙。

---

39 本庄繁，兵庫縣出身。陸軍大將。九一八事變時之關東軍司令官。曾任軍事參議官、侍從武官長。一九四五年十一月自殺。七十歲。

40 朝香宮為久邇宮朝彥親王第八子鳩彥王，陸軍大將。一九〇六年創立朝香宮家，與明治天皇第八皇女允子內親王結婚。戰後脫離皇籍。

此時，我對內大臣說：

前此請松平候爵交給你的文件，是以戰局絕望為前提，說應該立刻以皇族為首相以組織停戰內閣，爾後，聽了岡田、末次、小林各大將之意見，艦隊決戰不能說有萬萬一之僥倖，但從國內關係來說，今日要馬上進行和平也難之又難。即最後之結論大致上可以看出，但為使國民死心，出現一個實施艦隊決戰之中間內閣也是不得已的事。對於我的說法，內大臣表示，大體上他也是這樣想。

由之我又說：

你以為中間內閣的首相是誰好？

內大臣：有幾百萬的陸軍。這個善後極為重要，我覺得海軍比陸軍好得多。寺內如何？以他來接替東條如何？

我說，寺內不是最好人選，如果是兩三個月的中間內閣我就不反對，當作將來的研究。

對於皇族內閣，內大臣說：

我覺得東久邇宮殿下比高松宮殿下理想。

理由是：

高松宮殿下有時候會和陛下大吵特吵。同時也要考慮到可能產生攝政的問題，所以皇族內閣，東久邇宮殿下應該比較好。

對此我說「以東條對於東久邇宮殿下表示『失去自信』這個事實，殿下再把東條叫來問他『現在有了自信沒有？如果有，告訴我理由』，你看這樣辦如何？」內大臣回答說：

贊成，拜託拜託。

對於日本本土防衛，內大臣說：

如果出現這一局面，就是國體的危機，在此之前一定要東條辭職。

最後我說：

陸軍或許會反對陛下歸還滿洲，反對陛下之和平，而擁護別的皇族。對此內大臣斷言說：

陛下絕對不會歸還滿洲。

七月八日下午

倩東久邇宮殿下駕臨麻布中川良長男爵邸拜謁

向東久邇宮殿下報告與術戶內大臣商量並問「東條獲得自信了沒有？」請殿下引見東條。殿下說：

東條會很巧妙地逃避。

我：請追究到底，不能讓其躲避。

殿下：要好好研究才行。他慎重地回答。

我奉告內大臣表示最後關頭時，「殿下比高松宮殿下適」任時，殿下說：

伏見元帥宮如何？

我說「伏見宮殿下年紀大，除殿下外沒有其他適當人選」。詰問東條之結果，請能通報我。[41]

---

41 中川良長男爵邸位於東京麻布本村町。他是貴族院男爵議員幹事，非常熟悉政界上層消息。

七月十日上午

細川護貞氏來訪

拜謁高松宮殿下後前來報告說「殿下認為無論如何和平愈快愈好。無論怎麼想，愈快愈好」。

該日細川氏來訪之前

舍弟水谷川忠麿[42]男爵來訪

42　水谷川忠麿，男爵，為近衛文麿之最小弟弟。貴族院議員。戰前、戰後曾任奈良春日大社宮司（最高神官）。一九六一年，五十八歲去世。

水谷川男爵聽自公正會[43]之明石男爵[44]說，其與石原莞爾[45]中將見面時，中將說：

本土是防衛的第一線。如果防守不了，要奉遷陛下至京城（漢城），漢城不行時，奉遷至滿洲。

這個說法，與東條首相以參謀總長對陸軍內部之命令符合。這說明陸軍不死守塞班島而欲防衛本土之想法。海軍大聲疾呼，失去塞班島，必將不可能防衛本土。以常識判斷，被截

---

43 公正會為貴族院之一會派。當時之貴族院系由皇族、華族、敕選、高額納稅者、學士院會員之議員構成。近衛公爵等公爵、侯爵組織火曜（星期二）會，伯爵、子爵為研究會，男爵組公正會，敕選、高額納稅者，議員屬於同成會、交友俱樂部、同和會，學士院議員（四人）屬於無派。

44 明石男爵為明石元長男爵。臺灣總督、陸軍大將明石元二郎之長子，一九三九年成為貴族院議員。

45 石原莞爾，山形縣人，陸軍中將。與板垣征四郎為九一八事變之發動者。盧溝橋事變時為參謀本部第一部長（作戰部長），反對擴大中日衝突，但無法挽救局面。與東條對立，被編入預備役。提倡昭和維新和東亞聯盟，信仰日蓮宗，捧他者很多，一九四九年，六十一歲時去世。

斷海外交通後，要防衛本土實屬不可能。當然陸軍不可能不知道這一顯而易見之道理。東條的想法，最後還是擁護陛下奉遷滿洲。石原中將和東條首相雖然感情不睦，但都是屬於滿洲邦，所以作同樣的想法。

（附記：我這個看法，馬上以書面通報了木戶內大臣）而為其根據的是，後藤隆之助[46]氏說「現今正在集軍隊於朝鮮」，長野朗[47]氏表示「在山梨縣集中了許多糧食」。

46 後藤隆之助，千葉縣人。與近衛為第一高等學校時代之同學，組織昭和研究會，為近衛的政治、外交、經濟、勞工問題之研究國策集團，成員包括蠟山政道、尾崎秀實、三木清、笠信太郎、大河內一男。其中，譯者見過蠟山、笠和大河內，與蠟山時有聯絡。

47 長野朗，與石原莞爾陸軍士官學校第二十期之同學，大尉時退出軍人，專研農民問題，翻譯過『三民主義』。

七月十二日下午五時三十分

藤山愛一郎[48]氏（海軍顧問）來訪

藤山氏說：

海軍內部意見一致，大臣是米內大將，年令部總長是末次大將。又說，下一個內閣以寺內元帥為最理想。

昨日（十一日），見了木戶內大臣，木戶內大臣說他不會自己行動，但期待重臣發動更換內閣。

內大臣不能請重臣集會，但重臣集會要我去，我隨時願意去。希望促進召開重臣會議。

---

48 藤山愛一郎，海軍省顧問。明治、大正、昭和三代之財界巨頭藤山雷太之長子。二次大戰期間為東京商工會議所會頭，大日本製糖會社社長，戰後曾任岸內閣外相。

今天早上，去訪問了阿部[49]大將，因東條首相正在與其見面，故等一陣子，首相回去之後我和他見面，阿部大將說，翼政會對於塞班島之敗戰責任，決議「應妥善處理」。因他來傳達此項決議，欲得到其答覆，所以說：「因為戰爭非常重要，不能停止。繼續留任其職是為了盡職。決心改造內閣，一路邁進」。

七月十二日晚八時

於代代木會見松平秘書官長

秘書官長說：

今日下午一時東條首相進宮，與內大臣會見，請內大臣能同意改組內閣。對此內大臣

49 阿部信行，石川縣人。陸軍大將，曾任首相。與荒木貞夫、松井石根、莊繁、真崎甚三郎各大將，為陸軍士官學校第九期的同學。日本投降時是朝鮮總督。其長子信男之妻由善子為木戶內大臣長女，與木戶內大臣是親家，關係親密。

說：

此時改組內閣，毫無意義。大家感覺不安的是統帥問題。陛下也非常覺得不安。據說對於內大臣的這句話，首相低著頭，掉頭就走。因此秘書官長認為：

對於東條之統帥，此次因露骨地道出陛下之信任與否，故東條可能提出辭職。或許只辭參謀總長，內閣不動。赤松（首相秘書官）說，最近東條沒有自信，時或說要辭職，但據稱富永次官以下，陸軍首腦和親信，請他絕不可以辭職，予以鼓勵。要之，失去自信似乎是事實，從這一點來看，急轉直下，或許有政局變化也說不定。又，東條有意與改造之同時要奏請詔勅，他想在公佈塞班島敗戰時，欲奏請喚起人心之詔勅，但內大臣絕對反對此詔勅，模糊敗戰之責任。如東條奏請這樣詔勅，內大臣將以辭職來相爭，由此問題可見內閣之危機迫在眼前。[50]

---

50 富永次官為陸軍次官，富永恭次中將。次官之後出任菲律賓方面陸軍航空隊司會官。

七月十四日上午九時

在目白別邸會見平沼男爵

首先我告訴他上述松平秘書官長所說的話。然後交換意見，最後一致認為：政局將如何決定雖然不得而知，但重臣有聚會之必要。於是與平沼男爵決定，由其聯絡岡田啟介大將，由岡田大將辦理召集各重臣之手續。繼而談到繼任內閣，我說「木戶在考慮寺內」，對此男爵說：寺內沒有什麼作為，但必須有好的人在其身邊。此次倒閣要快，否則可能發生各種問題。需要從第一線叫回來寺內，因需要時間，故會有人策動。我個人覺得鈴木貫太郎[51]比較好。又不管首相是寺內或者是誰，陸軍的參謀總長可能是梅津[52]。梅津身

---

51 鈴木貫太郎，千葉縣人，海軍大將，男爵。二二六事件時，被陸軍軍官襲擊重傷。後來出任樞密院副議長、議長，一九四五年四月，小磯內閣辭職後出任首相，結束太平洋戰爭辭職。一九四八年去世。八十二歲。

52 梅津美治郎，大分縣人，陸軍大將。曾任陸軍次官、第一軍司令官、關東軍司令官，一九四四年擔任東條之後的參謀總長。戰後被判監禁終身，一九四九年六十八歲時去世。

邊有不少左傾份子（譬如指前在企畫院[53]之所謂革新政策之推動者的池田[54]、秋永[55]兩少將而言）。因此有左翼革新派成為軍部中心的疑慮。

我說：

敗戰很可怕。但隨敗戰而來的左翼革命更可怕。現階段，似正在往這一方面一步一步接近它。欲革命者，為其實現，無不欲借助最有力之實行者的軍部。所以，陸軍首腦非由見識

---

53 企畫院，一九三七年，第一次近衛內閣時，以規劃和推動戰時經濟為目的而設立的政府機關。九一八事變以後，日本經濟走向國家統制的道路。年輕官員和少壯軍官聯手推動這個政策，成為企畫院的大本營。一九四一年，鈴木貞一中將出任總裁之後，軍方色彩更加濃厚。一九四三年因改革機構而廢止，其業務移往軍需省。

54 池田純久，大分縣人。陸軍少將（後來為中將）。曾在東京帝國大學河合學治郎手下研究經濟學。在日本陸軍中算是政策通，與永田鐵山軍務局長為「統制派」之中心人物。發生盧溝橋事變當時為中國駐屯軍主任作戰參謀，因主張「不擴大戰爭」被調回國內。

55 秋永月三，陸軍少將。曾任企畫院第一部長，後來升任中將。與池田純久中將關係密切，屬於統制派。

最卓越，皇國精神徹底者因此來出任不可。而軍部中之所謂皇道派[56]最具有這樣的資格。關於此事，我曾透過木戶內大臣上奏陛下。因此自二・二六事件以後，此事一直徘徊我心中，深以憂慮。而一意對外擴大中國事變。

（注：梅津、池田、秋水等間鄉之前輩，大分閥之元老的南大將[57]（現為樞密院顧問官，前朝鮮總督），在我第一次內閣時，他以朝鮮總督之身份，對我打電報說「應該愈擴大中目事變」）。

---

56 皇道派與統制派：為日本陸軍內部之派閥，皆以革新國家為目標。皇道派主張在天皇親政下以建立軍政府，強調精神主義，以荒木貞夫、真崎甚三郎兩大將為領袖，秦真次、柳川平助兩中將等青年軍官屬之。統制派為討抗皇道派而產生，它反對暴力革命，主張軍之統制，發揮軍之合法機能，以樹立軍政府。以被殺死之軍務局長永田鐵山少將、東條英機、今村均兩大將、富永恭次中將等為中心。二二六事件以皇道派年輕軍官為主謀，故該事件以後皇道派勢力大為後退，統制派抬頭。

57 南次郎，大分縣出身。陸軍大將。曾任參謀次長、朝鮮軍司令官，若槻內閣陸相。戰後被判監禁終身，因病臨時出獄，一九五五年，八十一歲時去世。

更把中日事變擴大到太平洋戰爭，惡用長期掌握政、戰兩局領導權之立場，在國內，拼命推行左翼革新，終於出現今目內外皆壓迫皇國（日本）前所未有之一大局面，是這些軍部中之所謂統制派（注：小磯[58]大將，現任朝鮮總督也屬於此派）所為。我因極為憂心，故除上奏陛下外，也對木戶內大臣一再說明，惟因二・二六事件以來，欲追究真崎[59]、荒木[60]兩大將之責任的先入為主觀念，未能看透統制派本質。未起用充滿皇國精神之皇道派，實在很遺憾。寺內元帥也以為只要抹殺了皇道派，既可完成肅軍。取代皇道派成為軍部之中心的所謂統制派，發動戰爭，亦逐漸在赤化國內。對於我的說法，平沼男爵表示完全同意。

---

58 小磯國昭，山形縣人。陸軍大將。曾任陸軍次官、關東軍參謀長、朝鮮軍司令官。一九四四年七月，繼東條之後出任首相。因對中國和平工作失敗，一九四五年四月辭職。戰後被判監禁終身，一九五〇年去世。七十歲。

59 真崎甚三郎，佐賀縣人。陸軍大將。曾任陸軍士官學校校長、參謀次長、軍事參議官。因與二二六事件關連被起訴，判無罪。一九五六年去世，七十九歲。

60 荒木貞夫，東京都出身。陸軍大將。曾任犬養內閣與齋藤內閣之陸相。出任近衛改造內閣之文相，徹底推動軍隊教育。戰後被判監禁終身，因病後來獲釋，一九六六年去世，八十九歲。譯者在留學東京時代，曾去他家幾次，和他談過話。

七月十四日下午一時

于千駄谷德川[61]公爵邸會見松平秘書官長

秘書官長說：

東條於十二日下午一時進宮，當內大臣批判內閣時，東條以沉痛表情辭去，前面已說過……同日下午四時，東條以參謀總長身份拜謁陛下時，內大臣不在場，完全不知其詳情，昨（十三）日陛下找內大臣告以總長上奏之事，陛下對內大臣以嚴肅語氣說：

現今之統帥，這樣下去不行，要予以確立。又宮家（注：可能指前述三殿下而言）也有所上奏。

---

61 德川公爵邸：位於東京都涉谷區千駄谷一之三三〇，為德川家正氏之邸宅。他是貴族院議長，為德川家達氏之長子，曾任駐加拿大公使、駐土耳其大使，貴族院議員。

東條慌恐萬分退出，當天晚上遂建議島田提出辭職。[62]

今（十四）日早上，東條又進宮報告：

對於統帥權之尊意，臣將辭去參謀總長，也要島田辭職（注：不列是否指大臣和總長兩職），改變統帥之現狀，改造內閣，一路邁進。

上奏之後文會見內大臣，向其報告上奏內容。對東條說統帥權，實因對東條之全面不信任，但東條之此種想法實無可救藥。據我個人看法，內大臣立場很尷尬。因為內大臣說關乎統帥權問題，……。如果請來米內、末次還好，東條卻帶來自己喜歡的。因事關陸海軍統帥權問題，內大臣又不好斷然否定，非常為難。如果這樣，我將建議內大臣辭職。島田於昨（十三）日，對伏見元帥宮殿下報告上述來龍去脈，目前，東條正在發瘋般地要改造統帥部和內閣。

---

62 東條首相之親信佐藤賢了中將（當時為陸軍省軍務局長）在其回憶錄《大東亞戰回顧錄》說，當天由木戶內大臣提出三條件的東條首相，「沒有上奏就退出皇宮，並把我、富永次官和秦參謀次長請去大臣官邸，以極為沉痛表情說……這三個條件簡直要迫我切腹自殺。內大臣的態度完全變了。請重臣之倒閣運動似已奏效了。這體現了陛下之意圖。我已經不被信任了。我不能留在內閣」。對此佐藤賢了要東條鼓起勇氣，不能在激戰中換馬，換馬必將挫折軍人士氣，民心動搖，增強敵人氣勢，加速日本之戰敗。因此絕對反對東條辭職。

又、赤松（首相秘書官）前來說：

東條首相絕對不辭職。今日之陸軍陣營，花了三年工夫才完成。首相辭職以後，內部將發生極大動搖，其結果可能導致敗戰。若是，重臣和內大臣必須負起敗戰之責任。

赤松之口氣無異是威脅。

七月十五日晚上

中川良長男爵來訪

中川男爵前來傳達賀陽宮[63]殿下的話。以下是賀陽宮殿下的話。本月十七日，朝香、東久邇兩宮殿下，將以軍事參議官[64]身份，參加統帥部上奏。其主要內容為，擬請伏見元帥宮殿下統帥陸海兩軍。[65]最近，陛下有些神經衰弱，有時會很興奮。高松宮熱心地上奏時，曾說「不負責任之皇族的話我不聽」。據說高松宮以既然無法輔翼陛下，他想拜辭皇族，而為東久邇宮殿下所慰留。

63 賀陽宮，邦憲王長子恒憲王。陸軍中將。曾任東京師團長。日本戰敗時為陸軍大學校校長。一九四七年脫離皇籍，創立賀陽家。

64 回軍事參議官：就重要軍務，為天皇之諮訊的軍事參議院成員。該院以元帥、曾任陸相、海相、參謀總長、軍令部總長，特任之將軍為成員。東久邇宮稔彥王和朝香宮鳩彥王到戰敗時，一直是軍事參議官。

65 可能前述三殿下上奏，如此發展。

七月十六日下午二時

岡田啟介大將來訪

岡田大將說：

這一次完全給東條騙了。但這樣下去不行，重臣要開會，也請內大臣來，以討論政局問題，我問了平沼意見，他也希望這樣做。

我立刻贊成這個提議，請他聯絡內大臣。我問伏見宮殿下之陸海軍統帥案如何，大將回答說：

我稍稍聽過這件事，我想這是陸軍之計謀。想利用伏見宮殿下與島田之關係，以抑制海軍。海軍無法贊成。

七月十七日上午九時三十分

岡田大將來訪

岡田大將透過松平秘書官長與內大臣聯絡，木戶內大臣的想法是：

（一）內大臣與重臣開會有困難。

（二）要由內大臣轉達上奏也有困難。

（三）重臣如直接拜謁上奏，很願意斡旋。

因與上一次說法有出入，故不知內大臣之真正想法。即使重臣上奏，如果內閣已經改組，那就是事後上奏，不可能被採納。於是想請內大臣設法，把改組工作延至我們上奏之後。關於這幾點，擬透過松平（秘書官長）試探內大臣之真正想法。

但這樣，在松平、木戶、松平、岡田之間轉來轉去，太花費時間，可能失去時機，故我建議「由我直接去確認木戶內大臣之真正用意」，大將說「務必拜託」。於是我決定直接往訪木戶內大臣，並約於該日下午四時見面。

岡田大將又說：

已經在對海軍開刀了。即內定野村[66]大將出任新海相，馬上將會由岡[67]軍務局長作如下提議：

（一）恢復末次大將之現役。

（二）擬由米內出任海相以外之閣僚。

向政府提出這兩個條件，因軍務局長日然思政府無異義接愛。此案在形式上無疑符合海軍之希望。

66 野村直邦：鹿兒島縣人。海軍大將。曾任吳鎮守府司令長官，一九四四年七月十七日，接島田海相之缺。在任只有五天因東條內閣辭職，換成米內光政。爾後出任軍事參議官。

67 岡敬純，海軍中將。任海軍省軍務局長，一九四四年為鎮海警備府司令長官，後來出任海軍次官。

七月十七日下午四時

於內大臣官邸會見木戶內大臣

首先，我問他改組內閣之經過。

內大臣回答說：

今（十七）日將舉行特任儀式（更換海相）。但島田以外，似乎需要兩三天時間、參謀總長為梅津，東條兼任陸相，米內、阿部（信行）兩大將可能入閣。政府在極力拉米內入閣。只要米內一答允，改組即可完成。如果重臣此後再上奏，將使陛下非常尷尬。因此希望在米內尚未答允之前，能將重臣會議之情形告訴我。如果米內答允，那就一切都完了。務必在此之前，綜合重臣之意見如何。內大臣無法轉呈上奏，但重臣聚會提出種種意見是一個政治事實，把這樣意思上奏以達叡聞是沒有問題的。總之請趕緊從事。

總之希望我趕緊從事。既然得悉內大臣之真正想法，自不能躊躇。因岡田大將在平沼邸等待，我遂與其告別徑往平沼邸。恰好若槻禮次郎男爵亦應岡田大將之邀電來到東京，正在平沼邸，我遂將內大臣之真意轉告男爵及兩位。

於是岡田大將提議：

現在內大臣的意向我們明白了。今天晚上我們就在這裡（平沼邸），請米內、阿部、廣田[68]三氏（注：因官職故，不請原[69]樞密院議長來舉行重臣會議）。下午六時三十分，大家到齊。（於是開始開會，請若槻男爵先發言，對阿部大將表示，因與東條首相之關係，你對於我們的意見一定會反對，但重臣之意見將轉達術戶內大臣之事，請不要告訴東條。

若槻男爵表示：

東條內閣再怎麼改組，早已失去民心，所以應該叫其妥善處理（進退問題）。

繼而米內說：

目前、政府拼命地要和我交涉。岡局長親自來了兩次，而且野村新大臣也說要來。如果新大臣來也沒有結果，東條就要親自來看我。若東條來沒有結果，還將請出陛下。我覺得為這樣的事要請出陛下是弄權。我想即使請出陛下我也要拜辭。

表達了明快而堅定的意見。

---

68 廣田弘毅：福岡縣人。曾任外相、駐蘇大使和首相。他是戰後被盟軍國際軍事法庭到死刑的唯一文官。一九四八年十二月處決時七十一歲。

69 原嘉道，長野縣人。樞密院議長。律師。曾任司法大臣，在治安維持法追加死刑之規定。一九四四年去世，七十八歲。

接下來平沼說：

沒有人和打不了勝仗。有東條內閣反而會破壞人和。

廣田氏表示「不了解改組之原委」，說了些題外話，回避問題。

阿部（信行）說：

翼政會也在拼命主張更換內閣，……。我雖然不覺得東條內閣完美，但我不相信會出現更好的內閣，我以為破壞內閣是不負責任的行為。我把此事告訴倒閣論者，但沒有見過有人說會出現更好的內閣。

最後我說，「若槻、平沼、米內三氏之結論幾乎相同。」阿部氏問道：

這些話，要不要轉達政府？

大家便說，

可以不要轉達政府，但我們是不是請阿部氏轉達？

阿部氏搞不清楚他參加這個聚會到底是為了什麼。米內、廣田兩氏與阿部氏一樣不知其真相，但岡田大將表示，他要請兩氏到他家予以詳細說明。我們大家吃了平沼邸盡心所做之飯團，繼續開會，晚上八時許散會。

岡田大將在其住處，向料內、廣田兩氏說明迄今為止之經過後，於晚上九時三十分，往訪木戶內大臣，向其報告。

我在重臣會議之後，在松平候爵邸等其結果。夜半十一時許，岡田大將派福田耕[70]（岡田大將之女婿）來訪。他報告說，岡田大將和木戶內大臣決定了如下之上奏文：

要克服如此重大之時局，必須一新民心。一定要建立國民皆相和、協力一路邁進之強有力政府。部分改組無濟於事。

寫完上文已是十八日下午零時三十分，內田[71]農相來電話。告訴我說，該日上午十時，東條首相進宮，為提內閣之辭職，正在集閣員之辭呈，將向天皇呈遞。但在後任內閣成立之前，此事不予發表）

---

70 福田耕，原文說是岡田大將之女婿，其實不是。岡田大將是女婿為迫水久常氏，曾任當時之岡田首相的秘書官。譯者譯過迫水之「日本的最後一次御前會議」，請看本書附錄。

71 內田農相為內田信也氏。創立內田汽船、內田造船等公司，曾任眾議院議員，岡田內閣之鐵道大臣，東條內閣之農商務相，戰後出任過吉田內閣之農相。

七月十八日下午四時

在皇宮西溜間[72]舉行重臣會議[73]

起初，沒有人發言，寂靜極了。這樣下去不是辦法，若槻禮次郎男爵首先發言。這不是我的提案。在談話之前，想知道宇垣[74]與軍部關係如何？

他問阿部大將意見，阿部大將表示：

此事之可否，我無法回答。

阿部氏不願正面回答。因沒有人再提推舉宇垣之案，於是阿部氏又說：

72 西溜間：為一九四五年五月二十五日，東京大轟炸時燒掉的宮殿（明治宮殿）之一室，為陪食，拜謁時隨員之等候室。

73 關於七月十八日之重臣會議，「木戶日記」有很詳細的記述。

74 宇垣一成：岡山縣人。陸軍大將。曾任加藤、若槻、浜口國內閣之陸相，一向實行裁軍，故遭受陸軍內部之反彈，曾奉日皇命令組閣，因陸軍不肯推薦陸相，致使組閣失敗。他到上海，欲一見名女作家張愛玲而被拒絕，該事很有名。

因戰局以海軍以主體，海軍應推後繼人選。我覺得米內君最好。

他看了看米內大將。

（注：因米內大將拒絕入閣，等於在倒閣，其口吻為「你要我幹，我就幹幹看」）。

對此米內大將冷靜地回答說：

我已經幹過一次首相。出任海軍大臣還可以，要我幹首相，我絕對幹不來。政治還是由政治家去幹。

於是我說：

米內大將的活作為理想是可以的，……我亦希望早日如此。……然而現實的問題是，今日的政治，一切都與軍有關。軍需其他百般都是如此。因此也有事非軍人不會知道。所以這不正常。但現今還是由軍人組織內閣比較好。但要以具有米內君所說的心情的軍人來幹。

若規、木戶、平沼諸氏皆贊成。

繼而廣田弘毅氏發言說：

因為處在非常重大之時期，故應請殿下來幹。

他主張皇族內閣。原樞密院議長也說：

今日國家面臨生死關頭。所以此時恐怕很難單獨組織內閣。因此請命令全體重臣組閣，從中互選首相。

岡田大將也表示：

下一次不能再用普通人，只有陛下親政。所以以最能體會陛下心意的木戶內大臣最為理想。

大家已經都發言過了，除廣田、原、岡田三個人以外，大致上都主張由軍人組閣，如果是軍人內閣，問題是陸軍還是海軍。阿部大將推舉海軍，希望米內大將挺身而出，但米內大將堅決主張不接受，於是我提議：

鈴木貫太郎大將（樞密院副議長）如何？

但原氏卻斷言說：

我在樞密院和他在一起，我很清楚他的想法，鈴木是絕對不會接受的。

由之又漸漸回到陸軍，木戶內大臣說：

大陸有幾百萬大兵，又在其他有所作為，要予以善後是一件大事。所以還是陸軍比較好。

終於決定推陸軍。因而我說：

如果首相出自陸軍、我有兩個要求。

第一，東條內閣倒台，東條個人不受歡迎是原因之一，陸軍比海軍對於政治、經濟一切問題多嘴，為國民怨嘆為另一原因。因此要改變其做法。即要回到常道。

第二，誇張地說、我國左翼革命正在進行。一切情勢有此傾向。戰敗固然可怕，但與戰敗一樣，更加可怕的是左翼革命。戰敗可以恢復，但左翼革命連國體都會變成烏有，所以對於左翼革命要格外留意。不是公開運動才是左翼，裝得像右翼的軍人或官吏之中，有許多是左派。其人不以為自己是左翼，其實其所作所為就是左派。我們絕對需要對其開刀的人。平沼男爵用極重的語氣表示完全贊同。

著槻、木戶兩氏也贊成。若是「陸軍應該找誰呢？」首先木戶內大臣提出寺內案（元帥，南方派遣軍總司令），大家都說他是「大前輩」，既不反對，也沒有熱烈地贊成，惟寺內元帥目前在前線，要把他叫回來很困難，因此認為應該另外找人，米內大將推梅津美治郎新參謀總長，阿部、若槻、岡田氏等皆贊成，阿部氏尤其稱讚梅津氏，但木戶內大臣表示：

梅津剛出任參謀總長，要馬上予以更換不好。

若槻男爵說：

我想沒有關係。

支持梅津案，平沼男爵極力反對說：

火田

不行。常常更換不好。

因此梅津案被放棄。繼而平沼男爵提議畑案（元帥，中國派遣軍總司令）。大家不大表示意見，只是聽著。最後有人建議從預備役提出人選，米內大將於是提出：

小磯（大將，朝鮮總督）如何？

他說小磯曾為其內閣閣員，很清楚其為人和實力。很推崇他，平沼男爵和米內大將一樣，因小磯曾為其內閣閣員，也稱讚小磯，阿部大將保證說：

他本領好，比寺內、畑都好。

若槻和岡田兩氏贊成說：

我雖然不認識小磯其人，米內、平沼兩君都在稱讚，應該不錯。最後平沼、米內兩氏就候補之順序希望如下：

第一寺內，第二小磯，第三畑[75]，大家無異議，通過。此時原氏說「這與東條有什麼不同」表示不滿，岡田、廣田兩氏說「同感」。於是木戶內大臣說：

這不是干政，以重臣協助組閣的形式，社會將更加感激，我們來思考這樣的方法。

75 畑俊六，北海道人，陸軍大將，元帥。曾任侍從武官長、陸相、中國派遣軍總司令官。戰後被判監禁終身，後來被釋放，一九六二年去世，八十二歲。

（注：譬如附上陛下的話或內大臣之希望）

在這期間，大家只吃幾片餅乾，沒有時間吃晚飯、繼續開會，開了四個小時，到晚上八時始散會。

晚上十一時許，松平秘書官長來電話說：

為叫回第一候補寺內與東條陸相商量，東條以作戰上有困難，遂對於第二候補的小磯，今天晚上發出電報，叫其回來。

七月十九日

在十八日的重臣會議上，原樞密院議長說「以全體重臣奉大命如何？在今日重大時局，不是一個人所能扛得起來」，其實不只原氏一人，說幾乎全體重臣都是這樣想也不為過。大命招降於小磯大將身上。將國家興亡命運托於小磯一人，國民對他是不是和對東條一樣，感覺不安？對，一定極為不安。我由之想起昨日米內大將，聯想往昔板隈[76]內閣之例子：國民對於米內大將之信望遠比小磯大將高，至於在海軍之信用更是壓倒性地大，使這個人組織聯合內閣如何？至於兩個人之間如何合作，因米內大將推薦小磯大將，這一點自不必擔心。

該日下午四時往訪平沼男爵邸。

我將上述聯立案告訴平沼男爵，他立刻表示贊成，決定向內大臣建議，遂由平沼邸以電話和木戶內大臣約定會面。對方回答「立刻來」，下午五時許由平沼邸動身，一路去木戶邸。內大臣當場贊成，並問要不要再舉行重臣會議？

因這不是要推翻重臣會議之決定，而且重臣會議不一定要全體一致，萬一有人反對，可以少數意見上奏即可。所以不必再舉行重臣會議，由秘書官長分訪重臣就行，下午六時許松平秘書官長開始分別訪問重臣。

只有米內大將，由提議者的我去求其諒解。我乃於八時許往訪麴町三年町之米內大將邸。

---

76 板隈內閣，是一八九八年六月，前首相伊藤博文推薦大隈重信和板垣退助所組織的內閣。普通稱為「隈板內閣」，以大隈為首相。

（注：如大命降於小磯、米內兩大將，小磯以米內為前輩，可能要請米內出任首相，惟因米內之心境有如前述，考慮這種情況，米內或許不會贊成。如果這樣，事先由米內與內大臣商量好，和小磯協議，以陛下之內心系要以小磯為首相）。[77]

同日晚八時許

往訪三年町之米內大將邸

果然，米內大將如上所述，一時似有所躊躇，經過我說明之後放了心。米內氏說：被東條邀請入閣時，因我說過我絕對不碰政治，不接受海軍大臣以外之大臣，幹海軍大臣我有自信。也許過於晚了，但我認為我最適任海軍大臣。

---

77 對於當時之世界戰局，大本營參謀種村佑孝大佐在其《大本營機密日誌》這樣寫著：二十日，德國發生希特勒暗殺未遂事件。……一年前，墨索里尼政權崩潰，意大利投降，德國淹淹一息。三國樞軸面臨瓦解，日本進入覺悟獨力進行戰爭的階段。

於是我說：

如果這樣，我再轉告木戶，要他請示陛下時，請陛下表明要以小磯為首相，米內為海相。

米內大將接受這個條件離去，下午九時左右，前往松平侯爵邸。秘書官長分訪重臣尚未回家。十時許始回來。秘書官長表示，重臣皆同意聯合內閣，唯有岡田大將一人稍稍有意見（但岡田大將酒醉）。我請秘書官長轉達內大臣「米內非海相不接受」後回家。時間為半夜十二時。

七月二十日早上

松平秘書官長來電話說「岡田大將明白情況，已經同意」。（附記：後來聽說，阿部大將昨天晚上表示贊成，但今日早上卻斷然反對）

該日下午二時三十分

鈴木貞一中將來訪

鈴木氏說：

沒有對調東條和寺內是一大失策。問東條能不能把寺內從第一線叫回來，是無法挽回的很大失策。東條留在東京將是禍根。他拼命宣傳說是重臣之陰謀，連陸軍內部反對東條者也都這樣說。東條拼命策劃想賴下來，讓小磯內閣搞流產，希望天皇再命令他繼續組閣。

該日下午四時

在皇宮西溜之間舉行重臣會議

這是新首相和重臣在組閣前，為了有充分懇談之機會而召開的。小磯大將於下午四時許回到東京，由羽田機場直往皇宮，先與內大臣該懇談。旋即請來參加重臣會議之米內大將，陪同小磯、米內兩大將晉謁天皇：

著兩人協力組閣。

下降大命之後退下，前來西溜之間，由小磯大將報告道：

剛剛奉陛下命令由我們兩人組閣、陛下又指示要遵守憲法，不要刺淚蘇聯。

（注：陛下提到蘇聯，可能是為了防止所謂皇道派進入內閣。如今不會有想刺激蘇聯的笨蛋。值得憂慮的反倒是，外務、陸軍、大東亞各省充滿親蘇氣氛，有竟相如何討好蘇聯之媚態。因此這句話實在不合時局。只能解釋為在防止皇道派入閣）

小磯大將講完話之後，木戶內大臣說：

米內君熟悉重臣會議之情況，請小磯大將多與重臣懇談，他並面向我說：

上一次談的話很重要，現在在這裡談談如何。

原樞密院議長也表示：

此事非常重要，說給小磯大將聽吧。

我也想說話，因聽陛下之對蘇云云，覺得不大對：

組閣愈快愈好。我擔心的事情很多，要講恐怕需要一小時，其他重臣也都聽過，所以現在我就不。組閣後如給一兩個小時，那時再說。我希望趕緊組閣。

小磯、米內兩氏遂向大家告辭並退席，我和平沼男爵留下來。左翼問題平沼男爵也非常擔憂，我拜託對他說「我也想跟他談，惟因足下與小磯關係深，請能和他多談」，並說吸收皇道派的人，從思想等問題觀點來說，有其必要。不過從陛下的角度，或許有困難……。對我的說法，平沼男爵表示「同感」，並說：

組閣時我想建議起用荒木或柳川[78]。

於是我和平沼男爵告別，最後和內大臣見面。內大臣說：「萬一東條有所策劃，我將叫他來請陛下訓他。海軍要求一致推舉米內出任海相，末次接任軍令部總長，米內似乎也作這樣想法，但陛下絕對討厭末次。現在如果這樣說將令米內洩氣，所以米內將被挾在中間，備嘗痛苦。現在頭痛的就是這件事。」[79]

---

78 柳川平助，長崎縣人，陸軍中將。曾任陸軍次官、第一師團長、臺灣軍司令官。以後在中日戰爭中，以登陸杭州灣之司令官馳名。後來出任近衛內閣之司法大臣和國務大臣。一九四五年去世。六十八歲。

79 大東亞省是於一九四二年十一月一日，以掌管中國、東南亞佔領地，「大東亞地域」之全盤政務為目的而成立的。因外相東鄉茂德反對其成立，提出辭職。其首任大臣為青木一男氏。

七月二十四日下午二時

於永田町首相官邸會見小磯首相

小磯新首相談組閣經過[80]

在陸軍起了風波。東條想賴下來。起初我想組不成內閣了。於是我和東條見面，不是以拜大命之小磯，也不是以首相的東條，而是以友人身份交談，我說「你想留下來是不好的」，我以前輩身份這樣說，東條不說「好」，而是說「這事將由三長官會議決定」，不作正面回答。沒有辦法，我遂去梅津處和他談，梅津去說服，結果才搞定。海軍的末次是難關。米內表示，如果末次沒有出任軍令部總長，他就不幹。……我希望他們推山下[81]（奉

80 一九四四年七月二十二日成立的小磯內閣，其主要閣員如下：首相小磯國昭，外相重光葵，內相大達茂雄，財相石渡莊太郎，陸相杉山元，海相米內光政，情報局總裁緒方竹虎。

81 山下奉文，高知縣人。陸軍大將。曾任太平洋戰爭後馬來半島作戰、新加坡作戰指揮官，和一九四四年菲律賓方面軍司令官。一九四六年二月，在馬尼拉被判死刑，六十二歲。

文）或阿南[82]（惟幾）為陸相，但陸軍絕對反對。[83]

繼而我詳細說明前此所約定之有關思想問題。小磯首相仔細聽著，並作了筆記。會談一個多小時後告別。（編注：日記本文到此為止）。

一九四五年十二月六日，盟軍總部公佈近衛為戰爭嫌犯，並發出逮捕令。在要求其報到之十二月十六日，近衛在荻外莊服毒自殺。五十四歲。

自殺前，令其次子通隆氏用鉛筆寫下如下遺書。

---

82 阿南惟幾，大分縣人，陸軍大將。曾任陸軍省兵務局長、人事局長、次官，鈴木內閣陸相。反對接受波茨坦宣言，一九四五年八月十五日日本投降那一天自殺，五十八歲。

83 重臣會議推薦小磯大將的用意，無非是期待統帥和國務之一元化。如小磯不恢復現役，成為大本營之成員，即毫無意義。而且陸軍反對小磯恢復現役。若是，將與文官首相沒有什麼兩樣。

遺書

我自中日事變以來在政治上犯了許多錯誤。對此我深感責任，但要以所謂戰犯在美國法庭受審，是我無法接受的。正因為對中日事變我負有責任，所以以解決事變為最大的使命。解決事變之唯一途徑，是獲得美國之諒解，此為我之結論，乃悉力從事日美交涉。今日竟要以戰犯身份受美國刑審，我覺得非常遺憾。

但我的真正意圖，了解我的人是很清楚的。我確信有這樣的知己。因戰爭之興奮與激情，勝者之過分的任性，敗者之過度的卑屈，故意的中傷以及基於誤解的流言蜚語，這一切的所謂輿論，有一天大家冷靜之後，必將恢復正常。

屆時，在神的法庭始能有正義之審判。

（一九四五年十二月十六日）

第二次、第三次近衛內閣之日美交涉經過草稿

近衛文麿

近衛內閣之日美交涉，從四月到十月，繼續了半年之欠。交涉一開始就極機密地進行，但隨著情況的外洩，出了各種揣騰脆測，以此為基礎，政府蒙受了所有的批評和攻擊，但我一直不放棄交涉之成功，專心和全力為此而努力。

這是因為日美兩國之間有不能衝突的兩個理由，第一是蘇聯的向背問題。第二為日本海軍首腦之決心的問題，首先來談談蘇聯的向背問題。日本不能同時以美國和蘇聯為敵人，這是我國外交軍事上之根本鐵則。因此在蘇聯之向背不清楚之前，不應該與美國作對。在這之前，我們必須先談簽訂日德意三國（同盟）條約之經過。

三國條約於一九三八年八月，在第一次近衛內閣時，由板垣陸相提議，首次成為當時之五相會議的議題。陸軍對於這個問題最為熱心，那時同盟針對的主要是蘇聯，不是英美。

陸軍欲利用這個同盟來打倒蘇聯，但海軍激烈反對，在沒有正式議決之前，近衛內閣便辭職了。一九三九年一月，在平沼內閣時又提出這個問題，半年之內舉行了七十幾次五相會議，隨海軍之意見仍然未能達到共識，此時德國突然宣布簽訂德蘇互不侵犯條約，以蘇聯為物件之三國同盟條約遂變成明日黃花，平沼內閣由之引咎辭職，這是眾所周知的。

爾後不久發生歐洲大戰，日本暫時採取旁觀態度，及至一九四〇年春天，德軍之戰況日益有利，六月法國投降，傳說登陸英國本土只是時間問題，大英帝國面臨崩潰，於是日本民間欲打倒英美者自不必說，連海軍之中堅少壯軍官，也開始熱衷於締結三國同盟。不過前一年之三國同盟的對象為蘇聯，這一次即以英美為對象，這一點不同。一九四〇年七月，繼米內內倒之後，我奉命組織第二次內閣時，國民因德國之獲得大勝而頭腦發熱，認為簽訂以英美為對象之三國同盟條約之時機已經成熟。

自來，我是很熱心於調整日美邦交的人。一九三四年，我去美國與其朝野人士懇談，就是為了要尋求解決日美間之問題，俾對太平洋之和平有所貢獻。但事與願違，以後之日美的國交日非，尤其自中日事變以來，美國過大評估我國國力之消耗，從而愈看扁日本，由之兩國邦交日趨惡化。

形勢既然是這樣，為打開此種僵局，日本只有和德意蘇聯手，來迫使美國反省之一途。

只是德意還不夠，要加上蘇聯才能夠成立對抗美英之勢力均衡，以此勢力之均衡為基礎，日美之瞭解才有可能。而且，蘇聯如果不加人，則不知將來會參加日德意，還是美英一方，日本很可能面對同時以美蘇為敵的最壞情況，於是日本之國際地位將極為不安。因此無論如何一定要把蘇聯拉過來，以鞏固日德意蘇之聯繫，從解決日美問題上，和在強化日本在國際上之安全，絕對必要。果真如此，則四國之合作到底可能不可能呢？幸好對於日德意三國同盟，國內有熱烈的輿論之支持，蘇聯和德國又訂有互不侵犯條約，因此這一合作之實現也不是空中之樓閣。但現在馬上要進入日德意蘇之四國同盟、時機尚未成熟。所以得出這樣的結論：先簽訂日德意三國同盟條約，再努力促使蘇聯也加入。

完成組閣的七月二十七日，在聯絡會議所決定「隨世界情勢之變遷處理時局要綱」中謂：「加強與德意之政治團結，積極調整對蘇之國交」可以說是這個構想的顯現。因此松岡外相決定和德國進行締結三國同盟條約之交涉，德國政府由之專程派遣「斯塔瑪公使」前來日本。

如上所述締結三國同盟條約有一個很重要的前提。就是將來要把蘇聯納入三國同盟條約裡，至少要把蘇聯拉到三國同盟這一邊。當時蘇聯和德國的關係是良好的，但日蘇的關係不僅不好，而且很險惡。蘇聯和美國一樣、把日本在中日事變的消耗估計得很大。即看衰日本，在此種情況下，即伸出友善之手，對方不一定願意接納，這是最近幾年之經驗告訴我們的。

所以欲把蘇聯拉過來，實非藉與蘇聯具有良好關係，且實際上能對蘇聯施加壓力之德國力量不可。因此松本外相很坦率地對斯塔瑪特使這樣說。對此，史達瑪氏這樣回答：「最好先成立日德意三國間之約定，然後再接近蘇聯。對於日蘇之親善，德國願意扮演『誠實的調停人』之角色。我不覺得兩國接近之途上有什麼越不過的障礙。我認為應該很容易解決。反諸英美之宣傳，德蘇之關係良好，蘇聯逐漸在認真履行與德國的約」。（這是一九四〇年九月九日至十日，松岡外相和斯塔瑪非正式會談要旨之一段。並說明在會談中斯塔瑪所表達之意見，可以視為里賓特洛甫外相之意見）。又德國駐日大使給外務大臣之書信中有這樣的話：「關於日本國與『蘇維埃』聯邦之關係，德國將盡所有力量努力於促進其友好理解，並為達到其目的隨時願意扮演調停之角色」。

天皇對於三國同盟很慎重

如上所述，所謂三國同盟條約，是以將來要把蘇聯拉進來之構想為基礎，其第一步是以德國承諾將努力調整日蘇關係為前提而簽訂的。惟這項德國的承諾，因一九四一年六月德蘇開戰而無從履行，三國同盟條約之大前提於是完全崩潰。現在回想起來，我們締結三國同盟條約時，應該更加慎重才對。當時，陛下曾特別對我說：「是不是弄清楚德蘇之關係再締結也不為遲？」我報告說，德國既然那麼堅定表示，我們應該可以相信，因而獲得許可。我於敬佩陛下思慮之如此深遠的同時，對於我們相信德國之承諾因而那麼迅速進行此事之短見，實在無地自容。

德國相約要為調整日蘇國交努力，斯塔瑪特使表示他回國之後將為此事盡力。至今，我還不相信這是德國要把我們拖下水的一種權謀。事實上，德國曾經為此事認真努力過。至少蘇聯外相莫洛托夫於一九四〇年十一月訪問柏林時為止，德國是在往日德意蘇之聯盟的道路前進。其證據是，德同還寄來了所謂里賓特洛甫外相腹案。其腹案如下：

以日德意為一方蘇聯為他方，作成如下約定：

（一）蘇聯為防止戰爭，迅速恢復和平，對於三國條約之家旨表示贊同。

（二）約定蘇聯在歐亞之新秩序上，承認德意日之領導地位，三國尊重蘇聯之領土。

（三）三國及蘇聯約定不援助以對方為敵之國家，或不參加此類國家集團。

除上述之外，關於日德意蘇各國將來之勢力範圍，有如下諒解：日本為南洋，蘇聯為伊朗印度方面，德國為南非，義大利為北非。

日本政府對於德國外相之腹案回答同意，里賓特洛甫外相於莫洛托夫外相訪問德國時曾對其提出這個方案。莫洛托夫原則上表示同意，但同時說與斯大林協議之後正式回答。但與史大林協議結果所作的回答是，原則上同意這個腹案，但據說附帶有對於芬蘭之新權益的承認，締結蘇聯間政治協定等三十幾個條件。因此德國遂予以拒絕。那時在巴爾幹之德蘇關係已有逐漸惡化之跡象。松岡外相之訪歐正值此時。

一九四一年三月，松岡外相訪問柏林，希特勒總統和里賓特洛甫外相都異口同聲地在大罵蘇聯之不誠實和暴行，說「如不予蘇聯一次打擊，無法消除歐洲之禍根」，與前一年約定事情時所說的話完全相反。但根據松岡氏的說法，里賓特洛甫外相的確沒有說要對蘇聯開戰。松岡氏又說，他對里賓特洛甫外相表示，萬一德蘇之間發生事情，日本將受很大影響，所以不能贊成這樣的戰爭，同時表示，「回國途中將停留莫斯科，準備和蘇聯當局進行調整日蘇之邦交」，對此里賓特洛甫外相說，「蘇聯為不誠實之國家，這個交涉恐怕很困難」，松岡於是問他說，這個交涉如果成功你覺得如何，里賓特洛甫外相表示「如果成功那是好事，但我想不可能」。

松岡外相回國中途順便到莫斯科與蘇聯當局交涉，結果與德國之預測相反，簽訂了日蘇中立條約。根據日本駐德國大島大使之電報，希特勒總統對於這件事似覺得很意外，里賓特洛甫外相對大島大使說，「我對松岡外相那麼清楚表示德蘇戰爭之不可避免，却與蘇聯簽訂中立條約，實在無法瞭解其真正用意」。

里賓特洛甫外相和松岡外相之說法，有這樣大的出入。這到底是雙方之誤解還是故意的曲解，暫且不談，總之德蘇關係爾後日益惡化，四月以來大島大使之電報，統統都是暗示德蘇之將要開戰。於是日本政府不能默視，乃於五月二十八日，以松岡外相名義對里賓特洛甫外相發出「鑒於目前有關我國之國際情勢及國內情勢，本大臣希望德國政府儘量避免與蘇聯之武力沖突」之文電。里賓特洛甫外相回電說，「時至今日德蘇戰爭已經不可避免。但戰爭一開始，確信兩三個月作戰就能結束。這一點希望能相信我。又此次戰爭不必借用日本之力量。而且戰爭之結果將對日本有利」。同時德國最高首腦部對大島大使說「此次作戰大約四星期可以結束。這不是戰爭，而是一種員警措施（行動）」。

六月二十二日，德蘇開始戰爭。英美立刻宣佈要援助蘇聯。於是蘇聯加入英美陣營。日蘇關係雖然沒有變化，但三國同盟之大前提的日德意蘇之聯盟至此完全落空。日本與德意之交通被遮斷，三國同盟在事實上已經失去其效用的大半。就日本而言，同時以美蘇為敵的最壞情況很可能成為事實。後來回想起來，此時日本實有對德國提出重新對談三國同盟條約之餘地和理由。但我們相信德國當局的短期間可以結束作戰的判斷，目睹鼎盛時德國所公布之大戰果，乃以為這場戰爭八月以前就從德國獲得大勝利而後束，以為屆時蘇聯不是崩潰，至少將受到無法東山再起之打擊。表態德國雖然有許多意見，但除前述文電之外，沒有作任何意思表示，只靜觀其形勢之演變。及至八月底左右，德蘇戰逐漸陷於膠著狀態。這對日本來說是一件大事。日本當然不相信德國會戰敗，但德蘇戰爭不容易分勝敗，蘇聯可能仍然是一個有力的國家。如不看清楚蘇聯之向背，今日與美國衝突，實在極為危險。於是我深感無論如何，有有辦妥日美交涉之必要。這就是為什麼八月以後，我特別盡全力推動日美交涉的主要原因。

海軍的意外態度

第二是海軍的決心問題，本來對於簽訂三國同盟條約，我以為海軍不會輕予贊成。這從平沼內閣當時海軍之態度看來當然是可以預想的。吉田海相在組閣當初，是贊成加強三國之軸心化的。但對於進一步包括軍事援助的三國同盟，在海軍便成為大問題，當時，吉田海相似乎曾經非常煩悶過。後來因心臟惡化，不久便辭職。迨至及川大將出任海相，海軍立刻贊成三國同盟。我因對於海軍那麼干脆贊成有些意外，遂把豐田海軍次官請來，問其究竟。次官說：「海軍在心裡頭是反對三國條約的。但國內之政治情勢不許海軍再反對下去。因此不得已而贊成。海軍之贊成乃由於政治上之理由，從軍事上的立場來看，海軍還沒有自信與美國打仗」。我說「這是非常意外的事。國內政治是我們政治家應該思考的事，海軍根本不必擔心。海軍應該從純軍事上的觀點來研究，如果沒有自信就應該反對到底，這樣才是忠於國家」。次官說，「時至今日，請理解海軍之立場。現在只有在三國條約中，以外交手段防止發生軍事援助義務之一途」。

爾後不久，聯合艦隊司令長官山本五十六大將前來東京。我與其會面。山本大將是最強硬的同盟反對論者，平沼內閣當時，米內海相極力反對三國條約，我想與當時之次官山本中將之輔佐有很大的關係。我告訴他，豐田次官這樣說時，山本大將說「現今之海軍省太政治性地思考問題」，表示很不滿。我問山本大將日美交戰時你看法如何？他回答說「如果一定要打，起初的一年半載可以幹得轟轟烈烈。但如果兩年三年，我完全沒有自信。成立三國條約已經沒有辦法，既然是這樣，我想只有請您盡全力避免日美戰爭」。

由此我弄清楚了海軍領導層的想法。海軍的心中既然是這樣，三國條約之實際運用，必須非常慎重。即使蘇聯站在同盟這一邊，海軍之想法既然如此，日美之衝突，一定要設法極力避免。

開始日美交涉當初，陸海軍皆希望其能成功。及至八月左右，陸軍之熱忱逐漸下降。但海軍領導層還是相當積極。我聽過海軍中層以下的態度日趨強硬的說法，我問其領導層都說。「如果只和美國打仗，有自信。但加上蘇聯，北方和南方都要作戰，那就沒有把握了」。

及至十日、近衛內閣辭職近前，海年領導層之想法，仍然是主張繼續交涉。惟因與陸軍之關係以及其內部之關係，不公開這樣說，而採取完全授權首相作決定的辦法。

有如上述，我為什麼一忍再忍半年，不顧社會上之非難和攻擊，拼命繼續日美之交涉，理由即在此。以下，我來概述四月以後之日美交涉的經過。

日美兩國諒解案

從一九四〇年十二月左右，美國天主教最高學府「梅利議爾」之主教「俄爾旭」，及其秘書長多拉夫特，美國政府郵政部長「沃克」氏等，與陸軍省軍務局之岩畔大佐和井川忠雄氏等，純粹以民間暗中進行調整日美國交的對話，此項對話及至次年四月，分別漸由其官方所吸收。在這裡值得注目的是，最初開始對話的這些人之個人關係，美方是總統本人和赫爾國務卿，日方為野村大使、駐華盛頓日本大使館之陸海軍武官，都有私下的聯絡，知道這一件事。於是四月八日，美方提出第一次試行方針，九日，日方研究加以製作第二次試行方案，對此於十四日和十六日，赫爾國務卿請野村大使前來，就此問題進行了第一次會談。此時，赫爾國務卿將從前之民間對話變成大使和國務卿之非正式會談，並明白表示，可以前述第二次試行方案為基礎來進行交涉。同時希望日本政府有訓令。

有關如此重要的提議，以及為交涉之基礎的方案內容（暫稱其為日美兩國諒解案）的野村大使電報，從四月十七日下午至十八日上午到達東京外務省。此時松岡外相剛結束訪歐回途正在西伯利亞，故大橋次官於上午十一時，前來向正在內閣會議中之首相報告首批電報，下午四時半，完成解讀電報密碼之後，帶著寺崎美國局長，再次訪問首相於日式房屋官邸。此時次官和局長充滿興奮之表情。

兩國諒解案

日本國政府與美國政府以恢復兩國間之傳統友好關係為目的，擬交涉並締結全盤協定，今茲接受共同之責任。

兩國政府對於最近兩國國交之疏隔原因不特別議論，由衷希望為防止兩國民間再次發生友好感情之惡化事件，制止其不測之發展。

兩國政府極為盼望兩國共同之努力，在太平洋建立道義之和平，迅速完成兩國間懇切友好之諒解，以一掃覆沒文化之可悲混亂之威脅。如其不可能，應盡速令其不再擴大。

鑒於前述之決定性行動，長期之交涉既不適當，又不許優柔寡斷，今茲為成立全盤協定，為在道義上約束兩國政府之行為，乃提議作成文件。

上述諒解限於緊急重要問題，不宜包含會議審議後兩國政府能確認之附帶事項。兩國政府間之關係就下列各點，弄清楚事態，或能予以改善，對調整（國交）將有極大幫助。

一、日美兩國所擁有之國際觀念及國家觀念

二、兩國政府對於歐洲戰爭之態度

三、兩國政府對中日事變之關係

四、在太平洋海軍兵力、航空兵力及海運關係

五、兩國間之通商及金融合作
六、兩國在西南太平洋方面之經濟活動
七、兩國政府對於有關太平洋政治安定之方針
由於前述情況，今茲達到下列之理解，上述理解經過美國政府修正之後，等候日本國政府作最後與正式之決定。

一、日美兩國政府所擁有之國際觀念及國家觀念

日美兩國政府互相承認兩國為平等獨立之國家，彼此為鄰接之太平洋強國。兩國政府一致希望建立永久和平，締造兩國間基於互敬之信賴與合作。兩國政府聲明，各國各種族相聚成為八紘一宇，平等享有權利，彼此利益以和平方法簽訂，追求及支持精神上物質上之福祉，互相承認不予破壞之責任，此為兩國政府傳統之信念。

兩國政府要互相保持基於兩國固有的傳統之國家觀念及社會秩序以及國民生活之基礎之道義原則，堅決相反外來思想之橫行。

二、兩國政府對於歐洲戰爭之態度反對

日本國政府闡明軸心同盟之目的為防禦性質，防止未參加歐洲戰爭國家之軍事性同盟關係之擴大。

日本國政府無意回避現今條約上之義務，惟基於軸心同盟之軍事上義務，該同盟締約國之德國遵受現今未參加歐洲戰爭國家積極攻擊時，始發動攻擊，特予聲明。美國政府闡明對於歐洲戰爭之態度，現在及將來不會援助一方國家攻擊他方。此種攻擊性同盟所支配，美國絕對嫌惡戰爭，因此對於歐洲戰爭之態度，現在及將來將專從本國之福祉及安全方面考慮防衛以決定，特予聲明。

三、兩國政府對於中日事變之關係

美國總統承認日本政府對下列條件加以保障時，美國總統將勸告蔣政權謀求和平。

（A）中國之獨立

（B）基於中日間所簽訂協定，日本軍隊由中國領土撤退

（C）不吞併中國領土
（D）不賠款
（E）恢復開放門戶方針，但關於其解釋及適用范圍，將來適當時期由日美兩國間協議
（F）蔣政權與汪政權之合併
（G）日本自行限制對中國領土之大量或集體之移民
（H）承認滿洲國

蔣政權若接受美國總統之勸告時，日本國政府應與新統一建立之中國政府或構成該政府之成員立刻直接開始和平交涉

日本國政府在前述條件範圍內，基於善鄰友好，防共，共同防衛及經濟合作之原則，直接對中國提出具體之和平條件

四、在太平洋之海軍兵力與航空兵力及海運關係

（A）日美兩國欲為維持太平洋之和平，互相不採取將威脅對方之海軍兵力及航空兵力之部署，關於上述具體細節，將由日美間協議

（B）日美會談達成協議後，兩國互相派遣艦隊禮節性訪問對方，以預祝太平洋和平之到來

（C）中日事變之解決，日本國政府承認應美國政府之希望，現今服役中之本國船舶能解役者，應迅速依與美國之契約斡旋，主要在太平洋服役。但其噸數等由日美會談決定

五、兩國間通商及金融合作

此次理解成立，獲得兩國政府承認後，日美兩國擁有對方國家所需物資時，將獲得對方國家確保其保護。又兩國政府在日美通商條約有效期間所存在之通商關係，應以適當方法予以恢復。

又兩國政府欲締結新通商條約時，在日美會談予以研商遵照通常之貫例締結。

為促進兩國間之經濟合作，美國對日本以改善東亞經濟狀態為目的之發達商工業，以及為實現日美經濟合作提供足夠之黃金「信用貸款」。

六、兩國在南西太平洋方面之經濟合作

日本在南西太平洋方面之發展，鑒於保證不使用武力而以和平手段進行，日本在該方面所需物資例如石油、橡膠、錫、「鎳」等之生產及獲得，將獲得美方之協力及支持。

七、兩國政府對於太平洋政治安定之方針

（A）日美兩國政府不容許歐洲諸國將來在東亞及南西太平洋接受領土之割讓或現在國家之合併等行為

（B）日美兩國政府共同保障菲律賓之獨立。其未挑戰而遭受第三國攻擊時，應考慮其

援助方法

（C）日本向美國及南西太平洋之移民，將獲得善意對待，得到其他國民同等無差別之待遇

八、日美會談

（A）日美美兩國代表間之會談本擬於「火奴魯魯」舉行。美國代表為羅斯福總統，日本代表為近衛首相。吸及方代表各五名以內，但不包括專家秘書等

（B）正式會談不准第三國「觀察員」進場

（C）兩國間成立此次諒解之後應盡快舉行正式會談（今年五月）

（D）正式會談不再討論此次諒解各項內容。兩國政府應將事先所決定議題之協議及此次諒解盡快成文化。具體議題由兩國政府間協定

附則

本諒解事項作為兩國政府間之秘密備忘錄，諒解事項之公布範圍性質及時期由兩國政府間協定（完）。

鑒於問題之重要性，近衛首相當天下午八時召集政府統帥部聯絡會議。統帥部由參謀總長、軍令部總長出席，政府在首相、內相、陸相、海相之外，大橋次官也特別出席，陸海軍兩軍務局長、內閣書記官長出席，以美國之提案為議題進行協議。大致獲得一致意見者如下：

一、接受本美國案是處理事變的最快捷徑。即汪政權大體上是失敗的，與重慶之直接交涉最近也非常困難，因今日之重慶完全依靠美國，故與重慶之交涉，除非以美國為調停而束手無策，情勢極為明白。

二、回應本提案以圖日美兩國之接近，不僅為避免日美戰爭之絕好機會，也是防止歐洲戰爭擴大為世界戰爭，帶來世界和平之前提。

三、今日本已相當消耗國力。必須早日解決事變，恢復培養國力。有人主張南進，但在統帥部皆無準備和自信，為培養國力需暫時與美國握手，充實物資等以為將來圖謀。

如上所述，大致上傾向願意接受，但有如下之條件和意見。

一、要弄清楚有沒有和三國同盟抵觸。這在對於德國之信義上有此必要。

二、似應更明確表示要以日美合作對世界和平之貢獻的宗旨。若因日美諒解之結果，美國可以從太平洋抽手，由之加強對英援助，這不但違反對德國之信義，從整個構想來說也不對，所以最好能由日美合作來調停英德。

三、內容有些煩雜。

四、因其原文有欲回歸舊秩序的味道，所以最好能提出要建設新秩序的積極層面。

五、如不趕緊著手，則有洩漏之虞，因此有必要督促外相早日回國。

至於此事要不要通報德國，有兩種不同意見。

一、這麼重大問題，從信義上來說，不能不通知。至少還沒有回覆美國之前，應該通告德國。

二、事先通告德國，德國可能反對。若是有敗事之虞，則應該對德國守秘。

親自去迎接松岡外相

十八日聯絡會議之後，陸海軍和外務省遂著手開始研究對方上述提案。此時寺崎美國局長和武藤、岡兩軍務局長商議之後，準備電報野村大使「在整體上贊成」，大橋次官原則上同意，但主張等松岡外相回來後決定比較妥當，因此電報沒有發出去。松岡外相於二十日抵達大連。近衛首相以電話和外相聯絡，外相說，美國之提案可能於莫斯科和美國大使「斯泰因哈特」所說實現的結果，顯得非常得意的樣子。

事實上，松岡外相來回歐洲時，皆到莫斯科與舊識斯泰因哈特大使懇談表示，羅斯福總統如果真正想「打賭」，應該相信日本，希望他為實現日中和平扮演調停角色，此事四月八日松岡外相曾電告近衛首相，暗中期待其有成果。

松岡外相之回國，因天氣關係延了一天，為四月二十二日。預定在當天晚上舉行聯絡會議前提下，二十一日，陸海外三省對於美國提案之研究各告一段落，該日又在水交社召開了省部局部長聯席會議。陸海兩省提出：「帝國（日本）亦可乘此機會，反用美國之企圖，採取本提案之主旨，以完成中日事變與整備及恢復國力，進而提高對建立世界和平之發言權」。

四月二十二日下午四時，在小雨中，松岡外相所搭飛機降落立川機場。近衛首相特別叫其他閣員不必前往，由他親自去接機。對於感情極為細膩的外相，近衛首相非常重視給他看美國案的機會，準備在回途車中親自扮演這個角色。可是進官邸之前，松岡外相說在二重橋要去參拜皇宮，這個計畫終於沒有實現，乃改乘大橋次官車子，由大橋次官說明美國提案。這個差錯到底具有多大重要性不得而知，但聽到大橋次官之報告的松岡外相，非常不高興，對這項提案毫無興趣的樣子。如果這樣，聯絡會議似不召開比較好，但照預定晚間九時半在官邸舉行，如所逆料，外相滔滔大談訪歐之事，討論美國問題時，外相相當興奮，強調對德國之信義問題，同時以這個提案來自美國之惡意，並舉出一次大戰時，簽訂石井藍辛協定，叫日本人打拚，戰爭結束之後就廢掉這個協定的例子，對於這個問題希望給他兩個星期的時間，然後於十一時離開。其他的人繼續開會，約定再聯絡，零時散會。

二十三日上午，鈴木企畫院總裁訪問首相，傳達陸海軍首腦部對於松岡外相之態度的反感，對於這件事外務大臣如果反對，即使更換外務大臣也應該進行，首相說明外相之複雜性格，並表示暫時放下為上策。該夜，首相邀外相一人在日式房間懇談，外相只說讓他忘記歐洲之後再作判斷。隔天首相感冒病臥，也拜辭四月二十六日與外相同到陪食（天皇之邀宴），直到五月一日，首相沒有離開過荻外莊，外相也幾乎同時臥病休養。

不管其表現於外邊的言論如何，對於日美問題的因應方法，外相的確也大費過苦心。

外相在病床上研究美國之原案及陸海外事務當局所作修正案，並予以大幅修改。如此遷延時日，及至五月一日決定之第三次聯絡會議，延至五月三日始得召開，首相應外相之請求，於會議前特地和外相午餐懇談。

在會議席上，討論外相所作之修正案，大體上同意，大多主張立刻告之美國當局，但松岡外相主張保留，並對美國提議簽訂中立條約，最後投權外相處理。

下一個問題是應該不應該把這件事通告德國的問題。對於會議情況、通告德意大使、電報、野村回電、美方、外交之原則等，都有不同意見，外相強調希望大家相信其外交手腕，最後是授權外相處理。

散會後，外相對野村大使發出兩通訓電。一個是中期回答，說德意領導者快要獲得勝利，美國之參戰將拉長戰爭為文明之沒落，日本不能絲毫毀損同盟國德意之地位，是給赫爾國務卿的口頭敘述。另外一則是給野村大使的即席電報，提議簡單明瞭的中立條約之訓令。

外相指示上述拍電之後，為報告回國參拜陛下，在其不在東京期間，五月四日的星期日，竟令塚本歐亞局長為其代理，分訪德意兩國大使，以絕對秘密通報有關日美全面調整國交之秘密提案，目前正在研究對策中，上述之口頭敘述及提議中立條約。外相回東京後於六日，德國大使來訪時又告訴他這些話，同時對德國大使說如有意見很願意聽之，並表示逆用美國之惡意，以解決中日事變對德國是一件好事。

另一方面，在美國，野村大使以下，對於日方回答之遲延正在憂心時來了松岡外相之中期訓令，七日，野村大使會見赫爾國務卿，試探有關中立條約，赫爾完全不予理會，又偵察美國首腦部意向，都以如果成立諒解案以後還有可能，在目前這是不可能的事。又「口頭敘述」（由海軍武官來之電報可知），為防止事態之惡化，不但未將其交給對方，連全文都沒有讀。而赫爾以很強硬的語氣督促要趕快開始交涉。

因此外相之試案沒有發生任何效果，另一方面，美國之形勢是成立國防法案，以「康坡伊」問題等為中心迅速嚴重化。於是野村大使再三請求中央回答，對於美國當初所要求：

一：尊重國家領土和主權之完整

二：不干涉他國國內事項（內政）

三：包括商業上機會在內的平等之原則

四：除以和平手段變更現狀外不攪亂太平洋之現狀

之四原則之主張，互相儘量減少原則論之議論，提出事實上最可行之日美諒解為優先的方案。而過於強調目前日本所急於主張建設新秩序和大義名分等，實有害無益。又陸海軍武官府以松岡外相之作風為「故作姿態」外交，對此相當露骨地表示憤慨。另一方面，駐德日本大使館武官，以得自可靠方面情報，對於與美國之交涉，極憤概地發電報給陸相。這些都是把日美交涉情況通告德意的餘波。

隨事態之糾紛和複雜，有關閣員之動向亦急劇增多起來。五月八日，外相晉謁天皇，九日訪問首相，稱美國參戰之可能性增大，日本自不能袖手旁觀，屆時調整日美國交終為畫餅，總之不要因為專注於美國問題，而作出有違對德意之信義，否則只有提出辭職。松岡外相請首相向天皇報告實情，最壞時他將要去職。

該天晚上，首相暗中邀陸海兩相前來荻外莊，就外相之真正用意無法把握，如何應對其態度之問題進行商量。同時商議美國參戰時日本之態度，以及德國表示反對或修正意思表示時，應對方法上的困難等，商定後要加強緊密聯絡。

隔日即五月十日上午十時，首相應召晉謁天皇，天皇告訴他前一天外相上奏之內容。據稱美國如果參戰，日本非打新加坡不可，又美國參戰，戰爭將長期化，德蘇可能干戈相見。若是，日本應該捨去中立條約，站在德國一邊，勢將非去「伊爾庫茨克」不可。

首相報告天皇說，這是以前一天外相之說明為基礎，外相之上奏是以最壞狀況的一種構想，即使外相之想法是這樣，事件之決定也要軍統帥參加，並在內閣會議通過，故請陛下放心。乘這個機會，首相上奏：為處理當前第一個問題之中日事變，只有利用美國之一途，此次美國之提案是絕好無二之機會，準備要盡快辦理。同時詳細說明：第一，德國表示不同意時；第二，對日本修正案美國再提出修案時；第三，即使日美諒解案成立後，美國還是參戰，可能產生內閣內部之意見對立，甚至國論（輿論）會分裂，首相依然希望一定要使日美交涉成立。為對德國之信義，不能犧牲自己國家利益。他將儘量圓滿從事，將盡最大努力，萬一做不到時，或將使用非常之手段也說不定。對此陛下一一表示贊同，指示要按照這個方針去做。首相也與內大臣會談，此時得知訪歐後之外相的議論太離譜，已失去支陛下之信任，事實上八日外相上奏之後，陛下曾問內大臣更換外相如何。

從有問題的德國沒有回音，在這期間，外相對於首相、陸海軍之督促，一天又一天拖延對美國的回答。外相和德意大使一道去熱海一天，使一再在那裡等著的有關閣員啞口無言。最後鑒於要趕上十四日美國總統之演說，以十二日中午為期限，在德國回答未到達的情況下，對野村大使發出前幾天所拍發日方修正案，令其開始與美國交涉。

緊接著日本收到德國的回答，奧特大使還要求再延一天。但已經辦不到，外相只有對大使安慰說絕不會讓德國為難。外相於下午三時進宮，上奏如上所述，下午五時召開聯絡會議，根據外相之報告，以協議今後之事體。

來自德國之回答的要旨是說，一、美國欲與日本妥協其真正意圖是想以此向對德參戰邁進，因此在日本政府，應該把美國正在進行的哨戒或護送當作故意要挑起戰爭的行為，因此必然地要把日本拖入戰爭；二、如果美國不出於這種行動時，希望明示有意研究美國提案。最後說、然於本事對於三國條約之可能影響，要發出最後回答時，希望事先對其表示意見。義大利政府聯絡，稱可將上述德國之回答視為義大利之意見。

五月十九日，如大體上之預測，奧特大使對於未等待德國之回答就回答美國一事，提出德國政府之不滿。大使說三國條約之一國與他國簽訂條約，在理解近乎一切三國條約國戰線之弱化這個前提下，表明對於日美交涉之原則上反對，至少要求「明白分明確定」「不干涉英國與軸心國戰爭之美國的義務」，以及「因三國條約所產生之日本的義務」，最後表示「德國政府不得不要求日本立刻向國通告日美六日本對之回答……」，非常強硬。與此同時，大島大使也一連串地來了電報，報告德國首腦人士對日美交涉表示反感的情形，並以激烈的言辭提出他自己反對的意見。

松岡外相與野村大使的對立

在美國方面，根據好不容易到達的訓令，野村大使於五月十一日（日本時間為十二日）和十二日，兩次就日本之修正案作了說明。可是松岡外相又於十三日給赫爾國務卿文電強調說，日本之所以要和美國會談，一是為了要美國不參加歐洲戰爭，二是以美國建議蔣介石同意開始對日和平交涉為前提，哈爾國務卿對野村大使說，會談並非以某事為基礎的交涉，而是單純的對話階段，關於日方修正案，對於刪除保障不以武力南進一項表示疑惑，並和特別關心中日事變。同時說，關於此事美國必須與英國聯絡。並說對於要與日本會談，美國國內有困難，其態度極為慎重。不但如此，本來預定十四日舉行之美國總統演說延期到二十九日，又就康坡以等問題也議論沸騰，美國也因為受國內外情勢影響無從決定態度。總之，反諸日方之期待，美國一直沒有回答。

在東京，五月十五日和二十二日召開了聯絡會議，但只是交換情報和意見而已。但外相似極受德國的主張和大島大使再三提出的意見之影響。當初對於這個問題之曖昧態度愈來愈濃厚，形成外相一個人與其他充滿希望地參加聯絡會議之閣員對立的形勢。譬如二十二日會議之後、岡海軍軍務局長曾對富田內閣書記官長說，外相如果這樣發表不同意見、要成立協定時內閣內部意見將分裂，這一點恐怕需要事先向首相報告。

五月二十三日、外相與首相會談，陸海軍首腦部認為，即使對於德意稍微背信，也希望日美諒解成立，而對首相之不夠強硬很不滿。對於三國條約第三條之解釋，以為即使美國之康坡以遭受到德國的攻擊，把康坡以本身受到攻擊，堅持日本有參戰援助之義務的強硬論。事實上對格魯大使等一再地去強調這一點，又根據外相的說法，這樣做或能阻止美國之參戰。但美國總統在內心似乎已經決定要參戰，果真如此，則是日美諒解根本不在他眼裡。屆時陸海軍之態度必將得不到國民支持，由之可能發生暴動。總而言之，日本將面臨決定要選擇英美還是德意的態度，外相堅決主張要和德意站在一起。最後外相表示，作為臣下只有服從天皇意思，在某種意義上表明了外相之去就態度。

關於外相訪問德國時之會談內容，只有相信外相之報告。他說，希特勒總統和里賓特洛甫外相曾經慫恿攻擊，但他沒有給予任何諾言，但根據大島大使之電報，里賓特洛甫外相說「松岡外相來德時，私人意見所說要攻擊新加坡的意見，我相信完全沒有改變」看來，真相到底如何，實不無疑問。總之，外相之真正想法，實在令人費解。

同時在這前後，松岡外相對於野村大使之不滿和反感日益露骨。五月二十三日與首相會談時，外相說他知道此次提案不是由美方，而是野村大使所提出，而表示生氣。對此首相說這是系由美方所提出，但外相卻責大使越權，並以這似乎不是他對於斯泰因哈特工作的結果而很不滿，更奇怪的是，海軍所破譯之英國駐美大使哈利波克斯發給其政府電報，發現野村大使對於哈爾國務卿說，此次問題在日本，以天皇為首政府陸海軍首腦都希望其成立，唯有外相一個人在反對。

因此二十四日，外相對野村大使發出電報，以來源大致約確實情報責備上述情況，並要他立刻努力消除國務卿之誤解。野村大使馬上回電辯解說非常意外，完全非事實，對於赫爾之訊問，回答說日本之外交政策不是外相一個人所能決定，對此外相訓電說，那就好，不過在當地有會給予對方這樣印象者必須「予以適當處置」，明顯地對於大收研員武養大他年道的人抱有反感。這個問題敬此告一段落，但外相與野村大使及其親信之感情的對立，至此完全表面化。

此時傳遍德蘇之間在進行某種會談的情報，但松岡外相對此事完全不感興趣，但天皇就這一點以外相之態度和德國之「亂來」而對首相有所垂詢、同時加深了陸相對外相在感情上之對立。

此外，三十一日晉謁天皇時，外相上奏強硬的日德一體論和對美悲觀論，令天皇非常驚訝。

野村大使於十四、十六、二十、二十一、二十八日，和赫爾國務卿一連串地「和氣地舉行會談」，「每次一、二小時之『不作正式紀錄』的私下會談」，問題都圍繞著整個太平洋之協定的形式應該如何、三國條約、中國問題、特別是撤兵、駐兵各點，未取得進展。從國務卿之口氣及試探某種內情結果，美國似乎在懷疑日本是否有使交涉成功的誠意，和擔心松岡外相等之強硬論。二十七日美國總統之爐邊談話在世界注視下舉行，談話並沒有直接提到日本，對於中國也是點到為止。不過也有特別考慮與日本之關係的情報，綜合起來可以看出美國之慎重態度，從美國觀點可以算是樂觀的材料，但二十九日，在華盛頓的泰晤士報、先鋒報上，芝加哥論壇報之駐華府特派員赫寧發表了暴露日美交涉的消息。它說，據聞總統在發表爐邊談話前曾邀請國會領袖，告訴美國要對日本採取新緩靖政策，以便專心於對德戰爭的政策。同時據說日本將進一步要使三國條約成為空文化的地步，這項報導在東京被壓下來，但不知何故松岡外相却主張應該於以發表，三十日，他更發表日本樞軸同盟外交之堅定，以及和平南進政策之有限度的「反駁」談話。

在這樣情況之下，於五月三十一日，美方對野村大使提出關於中日事變兩三點懸案之非正式的全面對案。這是共同調停歐洲戰爭問題、三國條約、中國問題、太平洋經濟問題等對日方修正案之回應，同時附有激烈攻擊希特勒的文書。野村大使不敢這樣原封不動地報回日本政府，經過內面疏通，於六月四日設立日美兩國起草委員會，附托其致力於緩和其內容，七日會見赫爾國務卿，與其極力折衝，但沒有什麼好結果，乃於八日（到達東京為九日）報回政府。這個行動雖然完全出於大使的善意，但在一直等著美方之對案的東京，卻認為大使的做法實在太差勁、尤其松岡外相非常氣憤，以其太越權，立刻命令解散美國案之傳達及起草委員會等。外相之命令因野村大使之辯解而取消、但美國案於六月十日強行提出。如此這般美國案到達了，但外相與大使之感情的對立，日趨嚴重。

由於野村大使之慫恿不以美國五月三十一日案議論的基礎，但作為判斷美方之意向則非常有用，乃於附議於六月十一日和十二日之會議，由陸海外三省進行研討。此時外務省內部傳聞首相擁有越過外相和美國總統直接折衝的管道，十三日首相前往京都之前曾要外相取締這樣的謠言。在外務省內部，希望日美交涉成功的寺崎美國局長，和反對派（松岡外相直系）之大橋次官、阪本歐亞局長、齊藤南洋局長、加瀨秘書官之對立，極為明顯。

近衛首相於六月十三日西下，在京都完成與平安神宮和近江神宮的約定，十六日（星期日）早上回到東京。隔（十七）日，汪（精衛）主席來東京至二十五日離開，為此事費去許多時間，在這期間的二十二日早上，震撼世界之德蘇戰爭爆發。

松岡外相得悉德蘇開戰消息，立刻進宮晉謁天皇，未與任何閣員商議就上奏說「德蘇開戰之今日，日本應該協助德國攻擊蘇聯。為此南方暫時不必採取行動但早晚一定要打。這樣最後日本要以蘇聯、美國和英國為敵作戰」。天皇至為震驚，命令他「立刻和首相商量」，同時透過木戶內大臣轉告首相有關外相之上奏內容。

奉命之外相於當晚十時左右往訪首相於獲窪，因喝酒說話，不很清楚，要點是說「對陛下以外相身分報告了最壞的預測」。首相於隔（二十三）日晉見天皇，報告松外相所說的話，請天皇放心，天皇卻說不清楚外相之「強硬論」到底是他的預測，還是他的主張，因怕引起糾紛，首相遂由皇宮電告書記官長，要他停止預定該日下午三時要召開之有關這個問題的聯絡會議。外相除上奏天皇外，對內大臣和一般民間人都說同樣的話，因而引起不少物議，首相與內大臣互相交換意見結果認為，外相的主張似乎是：「先打蘇聯，應避免與美國戰爭，但美國參戰時，亦不得不與其作戰」。即使是外相之意見如上所述，為決定政府之態度，首相除和陸海相懇談之外，於六月二十五日招開了第一次聯絡會議，接著又在二十六日、二十七日、二十八日、三十日、七月一日名繼續招開，七月二日舉行了御前會議，決定暫時不採取任何行動。

來自美國總統的文電

日本對於德蘇開戰的電報，對於美國也非常關心，總統遂命令國務卿於七月四日對近衛發出日本應對蘇聯採取軍事行動之傳聞，希望澄清是否事實。這份電報於七月六日由格魯大使送到。對此於八日，由外相交付格魯大使給對蘇通牒（七月二日由外相交斯梅塔寧蘇聯大使）之抄件作為回答，並抓住這個機會問美國是否真的沒有意思參加歐洲戰爭。美國於七月十六日，斷言對於德國不會有自衛權之行使，要美國拱手旁觀的國家，我們將把其當作是武力侵略國之一似，予以極大的諷刺。松岡外相繼而立刻表示反對無限制地濫用自衛權，這個問題至此告一段落。惟松岡外相對於把來自美國之電報直接秘密送交首相很不快，同時非常失望被阻止與格魯大使直接見面。與野村大使之感情由之更加惡化。

正當此時，美國之回答偶然地於前一天的六月二十一日親手交給野村大使，二十四日電報東京，內容主要是對於德蘇戰爭這一大事美國的態度是如何。作為應急的措施。野村大使請示政府是否告訴美方：日美對話的成立是日本所希望，但松岡外相不許可，欲命令甚對美國表示有困難，但由於寺崎美國局長之努力，七月四日，才回訓「希望在公正基礎下之成立」。

如上所述，德蘇問題暫時獲得解決，但美國問題不能再遷延，同時又不能不管外相之曖昧態度，首相遂於七月四日，不得不以書信的方式將自己意見告訴外相，並要外相一定回信。

一、北方問題尚未解決之前，不對南方行使武力。要主動與美國調整國交。要同時以美蘇為敵實不可能，此為海軍首腦部所明言者。從此觀點而言，應停止進駐越南。

一、與美國調整（國交）之後，不可能滿足德國要求，由此將產生同盟國間感情不睦之暗流，但此種暗流乃為暫時之現象，一旦發動武力，將立刻冰釋。

一、與美國調整國交，

（A）可獲得海外物資，增強國力

（B）截斷美蘇之接近

（C）迅速促進與重慶之和平工作，因以上三點，有調整之必要。

一、由於上述觀點，現今正在進行之與美國的交涉必須繼續，從實行國策之觀點而言，有趕緊促成其妥協之必要。

最後說：「從閣下之達觀而言，日美（國交）或許不可能妥協，但我肩負輔弼之重責大任不能袖手旁觀，自當盡最大努力，即使稍稍讓步，也要使其成立」。外相於當天晚上以電話向首相說，他很感動，隔（五）日往訪首相官邸這樣說「在根本上我和首相同感。不管社會怎麼說，我認為最熱心於美國問題」。同時鄭重表示，「如果我是一個障礙，我隨時願意去職」。

因為德蘇開戰而拖延下去的日美問題之研討，於七月十日和十二日連續召開聯絡會議，六月二十四日審議野村大使所報回來之六月二十一日美國方案。

可是在七月十日會議席上，松岡外相，尤其是特別准許出席之齋藤外務省顧問所言，幾乎全面地反對日美之交涉，以美國是出於惡意，是百分之百地要日本投降，或要使日本陷於混亂，特別是「口頭敘述」，是以暗中要求更換外相為目的的內容，把日本當作屬國，故應該馬上拒絕。此發言使全體出席者呆然。外相的結論是應該停止日美交涉，現在的問題只是其方法與時機的問題。

在七月十二日的會議，陸海軍提出共同意見，與外相之意見大異其趣，（一）日本對於歐洲戰爭之態度，依條約上之義務和自衛來決定。（二）對於中國問題，以近衛三原則為基準，由美國勸告停戰和平，但不許其介入和平條件。（三）在太平洋，日本保留必要時行使武力之權，考慮到日後之種種情況，這三點絕對有弄清楚之必要。此外，最後可以接受美國方案。萬一破裂，也應拖延至日本進駐越南以後。

最後，松岡外相同意以陸海軍方案為基礎以制訂日本方案，十二日，會議結束之後、由武藤、岡兩軍務局長、寺崎美國局長、富田書記官長加上齋勝顧問一起協商，以制訂日本之最後方案。此時齋藤顧問對於歐洲戰爭一項、主張插入美國絕不可能同意之強硬文字，但後來他又妥協，同時由其負責說服外相。最後的問題是要徵得外相之同意，陸海軍雖然一再督促，惟因外相以身體欠佳，說不想碰這個問題，但在這期間又與德意大使見面，因此使陸海軍當局非常氣憤。迨至十四日，完成外相之最後方案，這雖然只是一兩天工夫，但政府內部氣氛極為險惡，政局日益混亂。

首相為著收拾這樣局面，便令鈴木、富田、伊藤三長官，不斷地和各方面聯絡，七日，首相往訪松岡外相於其私邸，十日黃昏和陸海內三相懇談。

日方對案雖然制訂好了，但松岡外相主張先拍發拒絕「口頭敘述」之訓電，過兩三天之後再發日方對案，但首相和陸海軍皆以這樣作將搞壞對方之感情，進而有交涉破裂之虞，強硬主張雙方同時發出去。陸海軍相信已經同時拍發，及至七月十四日深更半夜始得知外相獨斷，於下午十一時半只拍出拒絕口頭敘述之訓電。（事實是，因赫爾國務卿害怕口頭敘述會被這樣解釋，為消除誤解將其撤回，七月十七日），七月十五日，發現外相令阪本歐亞局長，將尚未向美國提出之日方最後方案，偷偷地告訴了德國。

在如此情況之下，首相以及有關閣員都覺得無法處理重大外交問題的。因而於十五日，外相缺席的內閣會議結束之後，首相和內務、陸海三相就其善處方法有所協議。陸相以外相免職會有各種不良影響，我們曾經努力於與其合作，但結果還是不行。現在，只有更換外相和內閣提出辭職之兩條路，四相在這一點看法是一致的。如果讓外相一個人辭職，因外相強調美國之「口頭敘述」要求日本改組內閣，有引起極大風波之虞，故有人主張應該把外相和美國問題分開，以強化戰時態勢為理由來提出內閣辭職，決定隔日再議而散會。

首相於下午二時，前往葉山天皇避暑地，報告上述情形，天皇問「不可以讓松岡一個人辭職嗎？」首相報告說將慎重熟慮後善處，必須早日作成決定。

隔（十六）日，按照前一天之商議，從中午首相、內、陸、海相極機密地聚會於目白別邸，協議結果，大家贊成內閣辭職，乃令待機中之書記官長準備一切，立刻於六時半，在首相官邸召開臨時內閣會議，收取大家的辭呈。因外相病在床上，書記官長去取他的辭職書。外相似乎覺得很意外，表示非常不滿，但大勢已去，遂把圖章交給書記官長。

首相乃於下午八時五十分在葉山向天皇提出辭呈，十一時回來東京，向諸閣員報告，至此第二次近衛內閣壽終正寢。

成立第三次近衛內閣

七月十七日下午五時十分，首相奉召進宮，奉命再組閣，立即開始組織新內閣，隔（十八）日下午五時半完成，七時進宮，呈遞閣員名單，八時五十分舉行特任儀式，成立第三次近衛內閣，九時四十五分舉行首次內閣會議。新內閣的特色是豐田（貞次郎）海軍大將出任外相。

前內閣全體閣員皆一致努力於日美交涉之成功，尤其陸海軍緊密合作，唯因松岡外相之反對，內閣由之崩潰，因此只有更換外相一人，實質上是同一內閣之再出發，所以這個內閣之使命為何，大家都非常清楚。尤其陸海軍大臣留任，最重要的外相很熱心於美國問題，而且被推出的是其發言權很大的海軍。內閣特准在皇宮東溜召開政府統帥部之臨時會議，大家團結一致，立刻進入成立日美問題之活動。

可是對於這樣明顯的政治變動的意義，在華府之野村大使還搞不清楚。因連大使等人都不十分理解，所以不知道該如何傳達給美國政府當局，以新內閣之出現，其良好印象會傳到美國，交涉將掃除以往的曖昧氣氛，進而會順利進展的東京，這個事實在很是意外。

前內閣末期辛苦所制訂的，對六月二十日美國方案之日方「最後」之案，於七月十五日已予訓電。但在美使館，一因更換內閣，二懼怕其內容不被美方接受，而未向美國提出，此事因野村大使之七月二十二日電報才知道。不但如此，野村大使還於七月二十三日，請示「火速指示新內閣之對美方針」。

如上所述，日本內閣對於日美交涉之誠意，完全沒有傳達到美國政府當局，而且從前內閣所決定要進駐越南的時期已經接近，而隨軍隊往南太平洋之不斷移動，顯而易見引起了美國之警戒心和猜疑心。至此，日本媒體便拼命使用所謂對日包圍陣營這個名詞。

七月二十一日，豐爾斯副國務卿替代赫爾國務卿，招見若杉公使（代理野村大使），警告說，根據情報，最近日本似乎要佔領越南，若是，從前之會談將毫無意義。二十三日豐爾斯副國務卿與野村大使會談，面告野村：以往美國儘量忍耐與日本會談，但時至今日，會談的基礎完全消失了。

在美國，如二十四日到達之野村大使電報所說（一）以後之會談要在東京「交涉」；（二）很多說法是說，日本對於樞軸國家表示，日美之調整國交，是完成南進準備之前的謀略。

二十四日，野村大使私下與美國總統會談，表示希望談越南問題和繼續會談，但總統警告說越南問題是致命的重大問題，並提到下列重大事項。

（一）以日軍由越南撤兵（如果已經進駐的話）為條件。

（二）由日、美、英、荷、中國共同保障越南之中立化。

（三）保障獲得越南之物資。

惟因野村大使之電報內容不完整，故真正知道上述重要會談和提案，是事後的二十六日，二十七日格魯大使為提醒日方，將其重要會談內容告知外相的時候。

在東京外務省，二十三日和二十五日，相繼說明將要進駐越南的真相，為使美國不產生誤解，在正式發表之前一天，已經以電報有所指示，但事實並沒有因為產生新內閣所期待的效果傳給美方，只把前內閣所決定進駐越南的最高政策擺在第一位，由之大大地刺激了美國。進駐是根據條約之和平的行動，東京的想法這種幾乎沒有為華府所接受。

因此七月二十六日，美國政府聲明凍結日本資產，日本政府正式宣布進駐越南。鑒於事態之險惡，首相當天晚上叫來警視總監，命令其對美國大使館予以特別的保護。

從改組內閣至進駐越南的大約一個星期，東京、華府之間欠缺意見溝通，日美會談似已完全失敗。但內閣還是沒有放棄希望，以二十四日美國總統對於越南的提案為線繩，努力於重開會談豐爾斯副國務卿於三十一日提出「擴大二十四日之總統的提案範圍，加上泰國之中立化」的新方案。

日本對美國提出越南問題等

在東京，除於七月二十九日、三十日、八月二日、四日召開聯絡會議之外，首相於三十一日，與海、外兩相、八月一日和陸相懇談，又邀來頭山滿氏對右翼方面下工夫，作了一切的努力。乃於八月四日在聯絡會議作了如下對美提案的決定。這在形式上是回答美國總統的提案，同時也是希望它成為重開日美會談之契機。其要點如下：

（一）除越南以外日本沒有進駐的意圖，中日事變解決後將從越南撤兵。

（二）保障菲律賓之中立。

（三）美國應撤除西南太平洋之武裝。

（四）要協助日本在印尼獲得資源。

（五）美國要調停中日之直接商議，撤兵後要承認日本在越南之特殊地位。

這分電令於八月七日發給野村大使，八日，野村大使將其轉達赫爾國務卿，但對方不大感興趣，並表示除非日本表明放棄武力政策，沒有繼續會談之餘地，給予日方美國有因應任何事態之發生的決心的印象。

近衛首相在這期間非常用心於要打開日美之危局，並欲親自與美國總統會談，八月四日黃昏他告訴陸海兩相這件事。首相認為，以以往之折衝方法只還延時間，對於收拾事態無濟於事，應該盡日本之所能，向世界表明日本之公明正大的意圖，爾後進入戰爭，國民才能理解。不是什麼都要和美國談，而是要大膽坦率地表達日本之主張。首相以為只要站在大局的立場，日美應該可以對話。同時從德蘇戰局來看，德軍有利時當然沒有問題，如果不利的話美國可能會強硬起來。總而言之需要趕緊進行。

海軍當日表示全面贊成，期待會見能夠成功，陸軍因為三國條約關係，考慮國內因素，有些不同意見，但對於首相之挺身而出表示敬意，五日，以堅持以往日美會談之日本主張，以及會談破裂時首相要站在對美戰爭之先鋒為條件表示同意。外相對一切問題慎重思考之後，作出要迅速一行事的結論。首相於六日上午聯絡會議之後，晉謁天皇報告上述之決心，隔（七）日下午天皇召見表示海軍有情報，稱本美國將對日本全面禁運石油，希望首相早日和美國總統會面。對於野村大使之電令於七日上午發出。

但這個重要提案，並沒有發生日本所期待的效果。其傳達時機根本就有問題。即野村大使於八日將此事轉達赫爾國務卿，這與其前兩天野村大使將日方提案轉給美國回答給赫爾碰在一起。美國的回答，以日方之提案沒有回答總統之提案，幾乎一言一句地重複總統提案，極為強硬。

對於重要的兩國首腦會見的新提案，赫爾表示，除非日本改變政策，他沒有自信轉呈總統。野村大使於九日接獲電報，轉告上述內容並建議美國駐日大使格魯能向政府報告。

在美國，發表羅斯福總統和英國邱吉爾首相之會見聲明，日本媒體對該聲明予以尖刻的報導，十四日又煽動性地報導平沼國務大臣之遭難。十三日，赫爾國務卿把列舉美國在中國之權益抗議書交給野村大使，表現出應該講的都要讓的美國傳統的做法。野村大使所接觸之美國閣員，都認為沒有成功之可能性的首腦會見，美國是不會同意的，其看法相當悲觀。在這期間，依東京之電訓令與美國折衝之野村大使的立場，是極為困難的。十六日，野村大使於結束大西洋會談之羅斯福總統回華府之前，與赫爾會談，對其說明日本之真正意圖，但給赫國務卿照例表示反對「軍事控制」，對於兩國首腦之會談的態度稍稍軟化，回答說「如果閣下認為有可能，我願意轉呈『白宮』」。

野村、羅斯福會談

果然於八月十七日，羅斯福總統結束大西洋會談，回到華盛頓，雖然是星期日，還是請來野村大使，談了兩件事。一是警告日本之進一步的武力南進，另外一件是對於兩國首腦會見之提案的回答。他歡迎近衛首相及日本國政府這樣的提議，認為「日本國政府如能停止日本之膨脹主義活動，調整其立場，具有遵照美國能夠誓約之『計畫』以及遵照原則有關太平洋和平『計畫』之希望，並能實行的話，美國願意考慮恢復七月中斷之非正式預備對話，同時欣然願意努力安排為交換意見所需之適當時期和地點」，在原則上表示同意，最後為此要求日本政府「就現在之態度及計畫，提出比從前更清楚而明瞭的『聲明』」。而上述之所謂和平的「計畫」，是整個太平洋之經濟上的機會及待遇平等原則的適用，該地區內諸國民之自主與和平的力作，對受威脅之國民的援助，排除軍事上或政治上支配及獨佔或優先之經濟權利等為內容。在野村、羅斯福會談中，總統一直心情很好，表示會見地點，如夏威夷在地理上不可能，是否可以在阿拉斯加的「朱諾市」，日期可以定在十月中旬等等。

總統由事務當局接手問題，從大局著眼，欲親自迅速解決問題的意向，從野村大使與之會談的一個閣員（烏奧卡？）可以窺悉。野村大使電告東京，建議應該果斷地把握這個機會，同時提出一個個人的回答，以供參考。

在東京，七日訓令發出後，除九日、十三日、十四日、十六日召開聯絡會議之外，首相不斷地和陸海外相聯絡懇談，由豐田外相對於格魯大使強調和說明兩國首腦會談之重要性的理由，並請他幫忙促成其實現。

當時，協助野村大使盡力於對美會談之岩畔（豪雄）大佐和井川忠雄氏回國，岩畔大佐於二十日應邀列席聯絡會議，詳細說明以往之經過和對方的情況。又和井川分別向首相及陸軍方面作了報告，盡力於事態之闡明。同時若松公使也回國，主要在外務省內，從不同角度敘述對日美交涉之看法。

對於美方提議的日方之回答，八月二十六日之聯絡會議作了決定。其要點為，美國政府以往的態度，從日方來看，是很難接受的，日方重申日本對於南方和蘇聯之態度和意圖，美國之所謂「計畫」「應該適用於全世界，不應該只適用於其一部分的太平洋地區」，同時，「一國自立上必須之要求，與其鄰接地區之關係上互補和調整是必然和當然之事，而且是建立和促進和平之緊要之事」。該日聯絡會議，除這個文件外，也通過了近衛首相直接給美國總統的「文電」。內容不要拘泥於從前的事務性商議，呼籲從大局著眼來討論日美問題，簡單明瞭地敘述提案意見是為因應迅速進展之時局，「並希望早日能實現」這個會見。

這兩個文件，於八月二十八日，由野村大使面交美國總統。總統看了近衛首相之「文電」，稱讚寫得很好之後，表示希望和近衛首相會談大約三天，雖然沒有明白說出時日，但顯得相對積極。此時及前此八月十七日之會談，總統原則上同意了兩國首腦之會談。因此野村大使應該可以積極推動這一件事。

可是當時作陪的赫爾國務卿，該夜又與野村大使會談，提出希望兩國首腦之會見要事先以「批准」（ratilication）形式，重複美國之主張，這與日本的想法根本不同。赫爾為此強調，要更多地了解日本政府對於有關中國問題，特別是撤兵以及自衛權問題，這是會見的先決問題。

這兩個會談報告於八月二十九日和三十日到達東京，對於打開面對之難關的方法，具有極重要的啟示。政府內部分成樂觀和悲觀兩派，外務多少有些經視由赫爾所代表之國務院傳統理論外交政菜，而寄希望於總統之大局解決之意見的比較佔優勢。

首相利用八月三十日之週末前往箱根，（參考井川氏之意見），制訂了六月二十一日之美國方案和以其為前提之綜合性的日本方案，提供外相參考，大體上尊重國務院之主張，以準備應對之。可是外務省卻似乎私下作了一個方案，迨至九月二日，提出與以往日美預備會議具有完全不同前提的非常簡略的一個方案。其要點是，以日方應該說的都說了，乃只抽出緊急重要的問題，作為兩國首腦會見之基礎。即兩國以上述幾個問題互相約諾，只要其約諾成立便以共同聲明之方式表示贊同。這似乎是反應若杉公使之意見主張達成回避會談全面水久和平之困難，而以雙方關係之正常化為重點的暫時應急措施。

於是首相遂令官房官長，盡全力把它修改為符合以往之前提，但九月三日聯絡會議通過的方案是：（一）不進駐越南以外地區；（二）對於三國條約之解釋，由日本自主決定；（三）根據日中協定由中國撤兵；（四）美國在中國之經濟活動，只要在公正基礎下進行，不受限制；（五）在南西太平洋，將建立通商上之無差別待遇之原則；（六）為恢復日美之正常通商關係，將採取必要措施。日本約諾以上各項（美國也要回報）。對此外務省抱有極大期待，隔（四）日由豐田外相傳達給格魯大使，同時電告華府之野村大使。

正當此時即九月三日，在華盛頓美國總統私下邀來野村大使，手交對於「近衛之文電」的回答，和附帶的「口頭文書」。總統雖然對於近衛首相使用「vely sincerely sympathetic」這樣的文字，但不像上一次那麼積極，文電之內容雖然很客氣，但沒有表明同意會見，表示會見的前提是要日方同意有關基本原則。「口頭文書」明確地提出了上一次並沒有提的四個原則，說這是以往所進行交涉之基礎，並寫在裡頭的內容，八月二十八日面交之日本的回答，可以視為表明同意，但對於六月二十一日之美國諒解方案，是意見不一致而遺留的諸問題，表示解決它是緊急之先決問題，很想聽聽日本政府對於這個根本問題的態度。隔（四）日，赫爾國務卿對於野村大使說，四原則最為重要，日本對它要明確表示態度，顯示美方態度之硬化（關於這個重要報告之處理，外務省有缺失，首相在九月十日以前不知道這個事實）。要之，美方為兩國首腦會見之基礎與以往諒解方案一同樣，堅決主張日本要同意這個諒解方案。這與九月四日傳達至美方的日本方案正好是相反的。雙方交錯而過之提議，九月四日日方之提議恰好變成對於對方提議之回答（野村大使於六日交赫爾國務卿時，說這可以說是上述之回答），這是非常大的不幸。

此時對於日美交涉不滿之陸軍的一部分人，特別是被視為反映統帥關係之意向的「帝國國策遂行要綱」，成為聯絡會議之重要議題。這是巴超過某一限度時，停止交涉，不惜與英美一戰作為國策的決定，終於在九月六日御前會議所作的決定，是陛下親自所說不管文案怎麼講，絕對要以外交為主，只有萬不得已時才能訴諸戰爭。在這種情況之下通過決定的。決定事項本身當然很重要，但鑒於上述之原委，從當時要繼續日美交涉來說，更是好的時機。杉山參謀總長之態度暫時不談，它曾讓東條陸相及有關閣僚異常的感激。

兩國首腦會見之提案，確曾打動了美國總統，但在即將實現時終於沒有成功，完全是由於只以野村大使之努力，尚未能將首相之意思充分轉達對方所致。於是首相決定親自督促格魯大使，徵求陸海外三相的同意之後，於九月六日黃昏，極秘密地與格魯大使及其翻譯官多曼參事在晚餐上懇談。首相說現今內閣之陸海外相皆希望日美交涉能夠成功，除這個內閣以外，不可能有其他的機會，並說「如果失去這個機會，在我們的生涯中，終不可能再有這樣的機會」，強調希望能早日與總統會見，以就根本問題交換意見。格魯大使很是感動，表示將立刻把首相之意思直接電報總統，說這「將是我外交官生涯中最重要的電報」。此時格魯大使曾問首相對赫爾四原則之意見，首相說在原則上好，但在實行上會產生各種問題，為著解決這個問題，才需要和總統會見。

這個會談之成果，無論問題出在格魯大使還是在美國政府，不得而知，總之在台上終於未見其效果，美方沒有任何的反應。

在另一方面，九月四日之日本提案的反效果，則非常明顯。

在日，該提案是七月十五日我諒解案，八月五日提出（具備關於總統對越南提案之回答的形式），八月二十八日提出（附帶於近衛文件），其中第一諒解案為對方所知。為避免重複可以有所申說，但這個重要諒解方案卻因為改組內閣等因，野村大使沒有將其交給對方，因此美方把九月四日方案當作是日方新方針之完全新的提案。

因此九月十日，在東京，由格魯大使給豐田外相，在華府，漢密爾頓給野村大使，對九月四日方案以提問形式提出，其用辭非常不客氣。最大的問題是說，上一案不當地制從前之諒解案的範圍，尤其說避開中國問題，還談什麼日美諒解。而且後來更發現對於美方之提議，野村大使擅自向對方提出了其個人的提案。對於東京之詰問，野村大使辯解說該案是修改六月二十一日之美國方案的案，現在已經將其撤回，因此美方之理解愈加混亂。

因九月十九日之美方提問及其數日前來的九月三日提議（總統對近衛首相文電之回答及口頭敘述），更清楚從前野村赫爾會談所面對的困難問題。

即在原則上是「四原則」，具體的是中國的駐軍問題、經濟、機會均等和三國條約問題。

對於「四原則」，美國以為日本沒有異議，同時首相對格魯大使也說在原則上可以，所以應該沒有問題，但陸軍和外務兩省之部分人對於原則上之同意表示強硬反對（美方把八月二十六日日方提議作這樣的解釋，乃因為野村大使之錯譯所造成，故有人主張把他調回國）。但現在欲否定它，根本就不可能再談日美交涉，所以首相為此事之善後處理大傷腦筋。

經濟原則上的問題，日本已經決定要承認在中國之機會均等，以為美國應該知道日本與中國的地理上的特殊關係，很是樂觀，對於三國條約問題，不能寫成文本，認為美國參加歐洲戰爭將消耗國力，對美國沒有幫助，故認為只要會見，與美方對話不是很困難，相當樂觀。唯對於駐軍問題，有說名義形式什麼都可以的穩健派，隔日，又有絕對不動的強硬論，在日本政府內部，問題大多集中在這一點上。

日美交涉之主要難題，有如上述，是關於諒解問題的範圍，如美國反對九月四日本案之那樣「縮小範圍」，而是提出綜合性的六月二十日之美國方案。對此，日方也沒有什麼問題，因為六月二十一日之美國方案，系根據最初之日本方案，因沒有提出修正它的七月十五日日本方案，在發生進駐越南，提議首腦會議等問題之前，已經提出其一部分，因此美國方面不但產生了理解的混亂，日方也認為有整理的必要，因此再回到六月二十一日案之前提，制訂整理和綜合一切的方案。

又既然要請美國出面調停日本與中國之關係，就不得不得提出其條件日本政府內部對於這一點意見是一致的，就這一件事，鑒於最近之交涉內容，決定要重新研究。

決定日美和平條件

如此這般在九月十三日的聯絡會議上，決定日美和平條件，同時通過了對美方九月十日之質問的回答。

在這個回答中，對於駐兵問題說：「為防止威脅日中兩國之安全的共產主義及其他秩序〇〇運動和維持治安，日中要協力共同防衛，上述共同防衛之實行，要遵照日中間之決定，包括所需時間，一定地區之駐軍，因中日事變，而派遣在中國之軍隊，隨中日事變之解決將予撤退」。對於經濟問題，它說「帝國（日本）在中國一一當然不否定實行通商之無差別原則，尊重美國在中國之權益，惟鑒於日中兩國之鄰接位置，經濟上必然地會產生之特殊緊密的關係，與其他諸國鄰接關系一樣，在中國也當然應該予以承認，因此在此範圍內之中日間之緊密特殊的提攜合作，自不能說是所謂的獨佔或侵犯優先權益，這是世界經濟繁榮主要原因，也是國際的一般觀念」。

對於三國條約之關係，因據說美國正在研究中，故要等待其結果，惟附帶說其厘清「以在兩國首腦會談部分敘述為要」。該年九月十三日，豐田外相邀約格魯大使，詳細懇切說明上面之回答，並電告野村大使。

爾後一星期，在此期間十七、十八兩日舉行了聯絡會議，在二十日之聯絡會議上決定了前述之綜合案。決定此案時，陸軍內部意見分歧，東條陸相抑制統帥部，終於通過。在外務省，不知何故寺崎美國局長相對於此案，更重視九月四日之方案，因此沒有參加此方案之決定。在此案中，關於駐兵問題和經濟問題，寫了與十三日之回答同樣內容，對於三國條約之關係，建言說「兩國政府以帶來世界和平為共同目標，在適當時期互相合作，致力於及早恢復世界之和平。恢復世界和平之前，對於事態之諸發展，兩國政府要從防備與自衛之觀點行動，又美國參加歐洲戰爭時，對於日本國、德、意三國條約之日本國的解釋，以及履行義務，日本將自主實行之。」

以上，日本應以文書表達者已經全部決定，至於其是否能成功，完全要看外交上之努力。

豐田外相認為，首先應該暗中提示中日之和平條件，二十二日，親自對格魯大使，二十三日，通過野村大使對赫爾國務卿提示。此時對於野村大使在原則上已經取得總統之同意的兩國首腦會談問題，對赫哈爾國務卿建議希望「至少原則上同意」，但這是成為問題的態度。赫爾國務卿說，總統曾對別人表示國務院之意見表示：「went too tan」，所以不願意予以確切的回答。

可能因為這個條件的提示，反而使美國對於駐兵問題的態度發生。美方的理解是日軍全部撤退，然後依新協定在一定地區駐軍，而私下提示的條件是，將現在駐軍的一部分留下來，其他的撤兵，這樣一來情況就不一樣了。結果是一樣的，但其形式則有著本質上的不同。

豐田外相於二十三日，再令寺崎美國局長對多曼參事詳細說明駐軍的理由，關於駐軍之實質沒有不同意見，問題是在其形式，這一點美方絕不同意。迨至九月二十七日，豐田外相最後向對方提出九月二十日所決定之綜合性諒解方案。即該日外相親自將其面交格魯大使，當面說明，同時在華府的野村大使令松平往訪巴蘭達因，提出該案。可是如野村大使之態度所示，外務省以此案為「依美國之希望，可以此為基礎進行交涉」，以從前之諸案一切為廢案，以為以此案進行交涉比較妥當（至少決定該案時之意圖是這樣）。

果然，美方於十月二日提出備忘錄。這個備忘錄首先值得注目的事實是，美國仍然最重視九月四日之日本方案。這是因為第一，它採取了回答九月四日的形式，爾後日方於九月二十七日提出綜合性之最後方案，因此能使對方集中關心這個方案。事實是如前面所說，外務當局之重視九月四日方案之態度，也有一半的責任，美方可能把這個綜合方案解釋為一種說明，沒有特別提到，只說「已經快要成功的事因為九月四日方案而失敗，實在令人失望。」同時表示日本所提示之和平政策、在經濟無差別之適用上限制太多，同時抨擊以駐軍為中日和平之條件，對於三國條約沒有表示任何意見。從其語氣來判斷，最大的問題不是駐軍問題。要之，日本同意四原則又予以廣泛的保障，但在整個問題上卻與之矛盾，或做了不正當之限制。

由於這個備忘錄，日美交涉之前途，遂加深了悲觀論。外相於七日約見格魯大使，努力於試探美國之真意，但大使極為慎重，幾乎沒有作任何說明。在華府，野村大使遵照訓令，於九日往訪赫爾國務卿，試圖打開局面，但還是沒有效果，後來漢密爾頓奉赫爾命令來訪野村大使，表示美國之意見全在十月二日之備忘錄和六月二十一日方案（稍微加以修改者），希望日方再加以研究後，再對九月四日方案加以修正後，美方願意予以慎重審議。十三日，由東京回任所之若杉公使，奉訓令往訪韋爾斯國務卿，就全盤日美問題懇談，韋爾斯（總統和赫爾也是）認為，只要解決懸案之三問題，希望與近衛首相之會見之計劃沒有改變，至于問美方對這個問題之意見如何，回答說盡在十月二日之備忘錄中採取沒有再「解釋」之必要的態度。

又乘此機會，若杉公使將他一直構想的日美暫時協定案試探對方之意見，對方以不包括中國問題之日美協定，簡直是不出現「哈姆雷特」之「哈姆雷特」戲劇，毫無意義，予以拒絕。野村大使又打聽各方面之意見，得到的都是美國上下對於兩國首腦會見皆採取慎重態度。

總而言之，如野村大使之電報所說，「對方固執於以往之態度一點也不讓，堅持十月二日之回答，並表示若有與其一致之日本提案我方隨時可以考慮」。如此日方雖然作了對於十月二日備忘錄之回答，但（近衛）內閣終於辭職。

以九月二十日之聯絡會議通過日方最後綜合案之後，政府在一方面與日美交涉之進展，另一方面為配合九月六日御前會議所決定之國策要綱之運用，愈來愈緊張。首相起居於日式房間之時間日多。九月二十四日、二十五日兩天，首相和陸海外相及企畫院總裁舉行長時間的會議。從二十七日至十月一日，在鎌倉休養，在這期間，邀來及川海相，詳細聽取海軍省內部意見。接到十月二日美國備忘錄，四日首相進宮晉謁天皇之後，主持閣員和統帥首腦之聯絡會議，五日黃昏要求陸相前來荻外莊，表示一定要堅持（日美）交涉到底。

十月七日很晚，陸相訪問首相於日式房間，對於駐軍問題，表示絕對不能同意美國所主張即原則上全部撤兵，然後再駐軍的形式。為此首相於六日和八日再次和海相與外相個別懇談，希望避免危險局面。外相于十日又和首相懇談，商議怎樣繼續進行交涉。九月十一日又召開了聯絡會議。在這期間，三長官特別是鈴木總裁之動向值得注目。

繼續交涉終於失敗

十月三日為首相五十四歲之生日，雖然是星期天，他還是邀陸海外三相及企畫院總裁來荻外莊，舉行了有關和戰之最後一次會議。陸相斷定交涉已經絕望。海相認為和戰已到最後階段，請首相裁決。首相明白表示對交涉有自信，欲繼續努力下去的態度，但陸相不同意，並要求首相拿出能夠說服統帥部的足夠理由。若是，陸相願意負責說服統帥部，繼續交涉。外相表示應該慎重研究而散會，此次會議自下午二時開至六時半。

隔（十三）日，首相進宮晉謁天皇，上奏內閣所面臨之危局，又與木戶內大臣懇談之後，邀來外相商議前此荻外莊會談所提有關交涉之展望。結論是，在其他各點有自信貫徹日本之要求，但對於撤軍，除非采取捨其名取其實，在形式上讓步，則無妥協之可能。十四日，首相在官邸又與陸相促膝懇談，告訴其結論，希望今日暫時委屈一下，給予對方撤軍之形式，委曲求全以挽危局，說服陸相。這是首相最後的努力。但陸相堅持不能讓步。此時首相決定提出辭職。

十六日，在充滿混亂氣氛的日式房間，從上午九時半以外務大臣為首，至下午四時最後之東條陸相，首相分別拿到了閣員的辭呈。下午五時進宮，向天皇呈遞辭呈，請辭。下午八時，召開最後一次內閣會議。首相感慨萬千，至此近衛內閣壽終正寢。

附錄一

第一次近衛文麿內閣（名單）

一九三七年六月四日成立

職位	姓名	日期
總理大臣	近衛文麿	
外務大臣	廣田弘毅	
	宇垣一成	一九三八年五月二十六日
	近衛文麿（兼）	一九三八年九月三十日
	有田八郎	一九三八年十月二十九日
內務大臣	馬場鍈一	
	末次信正	一九三七年十二月十四日
大藏大臣	賀屋興宣	
	池田成彬	一九三八年五月二十六日

陸軍大臣　杉山　元　留任
　　　　　板垣征四郎　一九三八年六月三日
海軍大臣　米内　光政　留任
司法大臣　鹽野　季彥　留任
文部大臣　安井　英二
　　　　　木戶　幸一　一九三七年十月二十二日
　　　　　荒木　貞夫　一九三八年五月二十六日
農林大臣　有馬　賴寧
商工大臣　吉野　信次
　　　　　池田成彬（兼）　一九三八年五月二十六日
遞信大臣　永井柳太郎
鐵道大臣　中島知久平
拓務大臣　大谷　尊由
　　　　　宇垣　一成（兼）　一九三八年六月二十五日
　　　　　近衛文麿（兼）　一九三八年九月三十日

厚生大臣　八田嘉明　一九三八年十月二十九日
木戸幸一（兼）　一九三八年一月三十一日
木戸幸一　一九三八年五月二十六日
（一九三八年一月十一日設置厚生省）
書記官長　風見章
法制局長官　滝正雄
船田中　一九三七年十月二十五日

第二次近衛文麿內閣（名單） 一九四〇年七月二十二日成立

總理大臣　近衛 文麿
外務大臣　松岡 洋右
　　　　　近衛文麿（兼）　一九四一年三月十二日—二十二日
內務大臣　安井 英二
　　　　　平沼騏一郎　一九四〇年十二月二十一日
大藏大臣　河田烈
陸軍大臣　東條 英機
海軍大臣　吉田 善吾　留任
　　　　　及川古志郎　一九四〇年九月五日
司法大臣　風見章
　　　　　柳川平助　一九四〇年十二月二十一日
文部大臣　橋田 邦彥

農林大臣	近衛 文麿（兼）	
	石黑 忠篤	一九四〇年七月二十四日
	井野 碩哉	一九四〇年六月十一日
商工大臣	小林 一三	
	豐田貞次郎	一九四一年四月四日
遞信大臣	村田 省藏	
鐵道大臣	村田 省藏（兼）	
	小川鄉太郎	一九四〇年九月二十八日
拓務大臣	松岡洋右（兼）	
	秋田 清	一九四〇年九月二十八日
厚生大臣	安井 英二（兼）	
	金光 庸夫	一九四〇年九月二十八日
國務大臣	平沼騏一郎	一九四〇年十二月六日—二十一日
	星野 直樹	一九四〇年十二月六日—一九四一年四月四日
	小倉 正恒	一九四一年四月二日
	鈴木 貞一	一九四一年四月四日

班列（政務委員）　星野直樹
書記官長　富田健治
法制局長官　村瀨直養

一九四〇年十二月六日

第三次近衛文麿內閣（名單）

一九四一年七月十八日成立

總理大臣　近衛文麿
外務大臣　豐田貞次郎
內務大臣　田邊治通
大藏大臣　小倉正恒
陸軍大臣　東條英機
海軍大臣　及川古志郎　留任

司法大臣　近衛文麿（兼）
　　　　　岩村通世　　　　　　　　　一九四一年七月二十五日
文部大臣　橋田邦彥　　　　　　　留任
農林大臣　井野碩哉
商工大臣　左近司政三
遞信大臣　村田省藏　　　　　　　留任
鐵道大臣　村田省藏（兼）
拓務大臣　豐田貞次郎（兼）
厚生大臣　小泉親彥平
國務大臣　沼騏一郎
　　　　　鈴木貞一　　　　　　　留任
　　　　　柳川平助
書記官長　富田健治　　　　　　　留任

附錄二　近衛文麿與中日戰爭

陳鵬仁

一

一九三七年六月四日，近衛文麿繼林銑十郎之後，組織了第一次近衛內閣。由於近衛文麿是與皇室血統最近的所謂「五攝家」（得為攝政之家門者有近衛、鷹司、九條、二條、一條之五家）首位豪門之家的出身，備受元老西園寺公望的青睞，長得很帥，虛歲只有四十七歲的青年宰相，給人們以新鮮、理智、富於活力的印象，而廣受軍部、政黨、右翼、左翼分予以及一般人民的歡迎。

近衛於當日，發表要緩和國內的予盾和摩擦，以及伸張國際正義和社會正義為施政的根本方針。[84]事實上，在一九三六年，所謂二二六事件以後，西園寺曾奏請昭和天皇命令近衛

84　矢部貞治，《近衛文麿》（東京：時事通信社，一九四六），第七十五頁。矢部還有同書名但更詳細的著作，上、下兩冊，於一九五二年由近衛文麿傳記編纂刊行會出版。

組閣，近衛以健康欠佳為現由謝絕過。所以，此次近衛不敢不接受，雖然他很不願意出任首相。[85]

日後，近衛在他的手記中，就組閣當時的心境說：「根本上認識日本國民該走向之命運的道路，並將儘量堅實地往這條道路前進。為此，要盡力抑制有急性蠻幹傾向的軍部一派，他們的要求之中，合理者將予以採納」。[86]可見當日軍部都在日本社會已經成為一個問題。

可是、近衛就任首相一個月得三天，竟爆發了後來發展為太平洋戰爭、從南使日本戰敗滅亡的盧溝橋事變。本文擬就近衛文麿與中日戰爭作一個綜合性的敘述、以試論近衛在中日戰爭中所扮演的角色及其意義。

---

85 矢部貞治，前引書，第六十五頁；共同通信社《近衛日記》編纂委員編《近衛日記》（東京：共同通信社，一九六八），第一三八、一三九頁。

86 矢部貞治，前引書，第七十四頁。

二

一九三七年七月七日夜間，日軍一個中隊在盧溝橋附近演習，結果演習後準備回營時，突遭槍擊，點名結果少了一名士兵，[87]於是向上面報告，上面遂由北平特務機關長松井太久郎大佐，以電話聯絡冀察政務委員會顧問櫻井德太郎中佐，與冀察政務委員會代理委員長、第二十九軍副軍長秦德純會面，作了不擴大事件的約定。[88]

盧溝橋事變的消息，於七月八日凌晨到達日本中央。陸軍中央與外務省和海軍省聯絡結果，決定「不擴大事態，迅速在現地以交涉謀求解決」的方針，並訓令日本駐天津軍田[89]。七月九日上午，近衛內閣舉行了臨時內閣會議，決定支持陸軍中央不擴大事態的方針，但事

---

87 上村伸一：《日華事變》（下）（東京：鹿島研究所出版會，一九七一），第六十頁。

88 上村伸一：前引書，第61頁。日本國際政治學會太平洋戰爭原因研究部，《太平洋戰争への道——第四巻日中戰争》（下）（東京：朝日新聞社，一九六三），第六頁。

89 上村伸一，前引書，第六十四頁。

實上，戰事卻逐漸擴大。就其來龍去脈，日後近衛說：

與爆發支那事變的同時，內閣自不用說，陸軍也主張不擴大方針，但事與願違，日趨擴大。……我（日後）問石原莞爾君，作戰部長的你主張不擴大方針，政府也支持這個方針而行動，為什麼擴大了呢？石原君回答說，給表面上贊成，背後策畫擴大的陽奉陰違的家伙騙了。這些家伙是在陸軍省和現地策動的。至少當時參謀本部是不擴大方針；陸軍省的杉山元（大臣）和梅津美治郎（次官）的態度極不明瞭；朝鮮總督南次郎[90]大將和朝鮮司令官小磯國昭大將，公然對政府提出「徹底幹」的意見書。因此，在政府大本營會議席上，經常有根本性的意見衝突。[91]

根據近衛本人的體驗，盧溝橋事變之所以一直擴大，乃由於統帥與國務分離，政府完全管不了軍政和軍令；而軍中央又節制不了現地軍所造成。故近衛慨歎說：「與其說是內閣無

---

90 南次郎，大分縣出身。陸軍大將。曾任參謀次長、朝鮮軍司令官，若槻內閣陸相。戰後被判監禁終身，因病臨時出獄，一九五五年，八十一歲時去世。

91 矢部貞治，前引書，第七十六頁；風見章，《近衛內閣》（東京：中央公論社，一九八二），第六十六頁。風見為第一次近衛內閣的書記官長（相當於我國行政院秘書長兼新聞局長），第二次近衛內閣的司法大臣。

力控制軍（而且從憲法上的規定來講，內閣與統帥系完全互相獨立），毋寧說是軍首隨腦部沒有統御駐軍的力量來得更恰當」。[92]

由於首相對於軍的作戰情況和意圖毫無所悉，所以無從制定外交政策和財政政策，因而對日皇上奏請求：即使事關統帥事項，也請能事先告知內閣；但日皇卻回答說，陸相不同意在政黨出身大臣也在座的內閣會議中報告作戰事宜，故關於統帥事項，將由日皇轉告首相和外相。但首相和外相只有聽，不能提出任何意見。[93]

的確，近衛非常熱心於早日收拾盧溝橋事變，他甚至於接受石原莞爾的建議，曾想親往南京與蔣介石會談，以政治解決這個事變。[94]

近衛在他的手記說：「發生盧溝橋事變後沒多久，喚起我過去的回憶（蔣作賓大使的秘

---

92 矢部，前引書，第78頁；風見，前引書，第68—72頁。

93 矢部，前引書，第79—80頁。

94 風見，前引書，第67頁

書丁氏告訴：有事要聯絡，請找宮崎龍介、秋山定輔兩氏）[95]，遂以除非與蔣介石氏直接面談，無由防止事變之擴大，為聯絡此事，與秋山君商量，而決定遣派宮崎龍介。故征得陸軍大臣杉山大將的同意，趕緊擬派宮崎到南京，可是在神戶上船前，（宮崎）卻被憲兵逮捕，秋山定輔也同樣被憲兵逮捕。其情況極其複雜，我問杉山陸相，他親自同意的事情，為何要以憲兵來破壞，但他的回答卻讓人不得要領」。[96]由此可見，近衛是真正有意與國民政府早日謀求解決衝突的。但參謀本部卻預定從七月下旬到八月上旬，動員十五個師團到中國戰場，並相求二十五億到三十億日圓的預算。而在事實上，到九月底，已經有相當於十五個師團的兵力在中國大陸。[97]

95 宮崎龍介（一八九二—一九七一）為中國（辛亥）革命之盟友宮崎滔天的長子，律師。櫻田俱樂部，《秋山定鋪傳》，第三卷（東京：櫻田俱樂部，一九八二），第76—128頁。作者譯過宮崎龍介和秋山定輔有關孫中山的文章，收於拙譯著《孫中山先生與日本友人》（水牛出版社）與《論中國革命與先烈》（黎明文化事業公司）二書。

96 風見，前引書，第130—131頁。

97 《太平洋戰爭への道—第四卷，日中戰爭（下）》，第二十四頁。

日本之進攻中國，係分內蒙古、華北和華南三方面進行，關東軍佔領內蒙古，成立蒙疆政權；北支那方面軍佔領河北、山西、山東三省，炮製「中華民國臨時政府」（王克敏為負責人）；華中以上海為重點，投入三個師團，因遇中國軍的頑強抵抗，損失很大，故又從華北調來三個師團，編成第十軍，由杭州灣登陸，加以由華北調到上海派遣軍的第十六師團，在長江下游的白茆口登陸，中國軍的戰線遂崩潰，全面退卻，國民政府遂遷往武漢和重慶。

其實，日本政府，尤其是近衛的做法，對於擴大對中國的侵略戰爭，責任最大。七月十一日，五相會議（首相、外相、陸相、海相和藏相）和內閣會議，決定出兵方針：從十一日黃昏起，近衛且邀請眾議院、貴族院代表、財界有力人士和媒體代表前來首相官邸，親自表明政府的決心。七月十三日，近衛又邀來產業界和主要雜誌的代表，要求他們的通力合作。由之日本報紙遂大吹大擂「膺懲暴支」，煽動強硬派，而導致了事態的擴大和不可收拾。[98] 難怪曾任外相的重光葵批評近衛是「最適合作軍部的傀儡，也不由地作了軍部的傀

98 上村，前引書，第75頁。藤原彰作、陳夥仁譯，《中日全面戰爭的擴大》，《國魂》一九九五年七、八月號。藤原著、拙譯《解讀中日全面戰爭》一書，1996年由水牛出版社出版。

儡」，他「只是順著時勢之波浪的一個公卿而已」；[99]當時擔任外務省東亞局長的石射豬太郎，對近衛有這樣的看法：「他當然具有識別善惡的能力，但卻欠缺擇善的勇氣，對於來自外邊的壓力，隨時隨地屈服。正因為如此，所以中日事變便隨強硬論之所欲，無止境地擴大下去。他對其信念太不忠實了。以這種人物為非常時期首相的日本，你說糟糕不糟糕。」「近衛公附，實在太淺薄了。」[100]

---

99 重光葵：《昭和之動亂》，上卷（東京：中央公論社，一九五二），第149頁。

100 石射豬太郎：《外交官の一生》（東京：太平出版社，一一九七三），第354頂；《石射豬太郎回憶錄》（陳鵬仁譯，水牛出版社，一九七七），第161頁。

三

在這樣日軍凶猛進攻中國大陸的同時，在中國擁有莫大權益的英國，曾經有意調停中日間的衝突，唯因日本陸軍反對，遂改由德國出面從事調停，是為所謂陶德曼（Osker Paul Trautmann，一八七七—一九五〇）（有人把他譯為托勞特曼或也有人將其戲譯為逃的慢）工作。

十一月二日，外相廣田弘毅向德國駐日大使逖爾克先（Herbert Von Dirksen，一八八二—一九五五）提出對華和平條件。由狄克遜獲知和平條件的德國駐華大使陶德曼，於十一月五日轉告蔣介石其條件。蔣氏以（一）德國要作調停者到底；（二）維持華北的行政主權為前提，同意與日方進行和談。

但日方以戰況對日本非常有利，甚至將佔領南京，故提高條件，並於十二月二十二日將其內容告訴狄克遜，十二月二十六日，由陶德曼轉告國民政府，並希望國民政府在隔年一月五、六日以前回答[101]。日本政府當局和軍部，以等待著中方好消息的心情過了新年；一月十三日，中方未予回答，而是說想詳細知道日方所要求的具體內容，於是日方以這是中國的遷延策，毫無誠意，乃於一月十六日，發表那馳名的「爾後不以國民政府為對手」的聲明。

對於這個聲明，曾任首相的若槻禮次郎等人有所批評，[102]而近衛本身也知道這個聲明的錯誤。近衛在其手記說：「這個聲明，不待識著指出，非常失敗。我自己深深承認這個失敗。因此在必須改正這個錯誤的聲明的認識之下，我曾經努力與重慶恢復關係，採取過各神

---

101 外務省外交史料館日本外交史辭典編纂委員會編《日本外交史群典》（東京：小川出版社，一九九二），第656—657頁；矢部，前引書第90頁；石射，前引書第363—364頁。廣田外相將提高了的條件和內容告訴狄克遜大使，狄克遜先對廣田說，這種條件，蔣介石是不會答應的。石射在他的日記寫著：「不錯，蔣介石如果接受這種條件媾和，他便是傻瓜，」見拙譯，《石射豬太郎回憶錄》，第94。

102 森正藏：《旋風二十年》（光人社，一九六八），第215—217頁。若槻禮次郎：《明治・大正，昭和政界秘史》（古風庵回顧錄）（東京：講談社，一九九三），第368頁；松本重治：《近衛時代》（上）（東京：中央公論社，一九八六），第142—143頁；風見，前引書，第78頁；岡義武：《近衛文麿—「運命」の政治家—》（東京：岩波書店，1946），第82—83頁。

手段，但皆未成功，……」[103]

而進行改組內閣（五月二十六日），以及發表「新秩序」聲明（十一月三日）等等，都是為了修正「不以國民政府為對手」的聲明。對於新任外相的宇垣一成，近衛要他致力於取消這個聲明。[104]但因這個無視國民政府的聲明，使國民政府更堅定其抗戰的決心，是不待煩言的。[105]

改組近衛內閣時，最受注目的人事是陸相。因近衛與陸相杉山搞得極不愉快，水火不容，故以為不撤換杉山，無由解決中日事變，於是用了二虎九牛之力，以在徐州戰場的第五師團長板垣征四郎中將為陸相。近衛以為板垣是不擴大派，可是事實上，與杉山一樣，板垣

---

103 矢部，前引書，第91頁；岡義武，前引書，第83頁；《太平洋戰爭への道—第四卷日中戰爭》（下），第50頁。

104 《宇垣日記》（東京：朝日新聞社，一九五四），第314—315頁；上村，前引書，第214頁；石射，前引書，第274—275頁；拙譯，《石射豬太郎回憶錄》，第100—101頁。

105 石射豬太郎的〈我對於收拾中日事變的意見〉。這篇本為絕對機密，戰後才公開的史料，非常值得國人一讀，收於《石射豬太郎回憶錄》一書。

也是一個傀儡，唯部下的意見是聽，因此使近衛非常失望。[106]

原來，近衛對於板垣這個人的思想、個性毫無認識，希望板垣出任陸相只是基於風評和傳聞，所以與板垣一面談，便大失所望。面談的第三天，內大臣秘書官長松平康平便對西園寺的秘書原田熊雄表示：「這是絕對機密。陛下對內大臣說『近衛說他與板垣見了面，覺得板垣是個笨蛋』，並笑著說『近衛很快就會變』」。[107]

事實上，板垣就任陸相之後，中國戰線更加擴大，開展了漢口作戰和廣州作戰。故近衛在他的手記寫道：「我真搞不懂陸軍內部的意見究竟來自何處，內閣被不知其真面目的統帥的影子所操縱」。而對人表示，他「不願意幹傀儡這一行業了」。[108]

近衛失望于板垣的，對於新任的內相末次信正（海軍大將）更是不滿。近衛之起用末次，是為了要應付右翼勢力，可是末次就任內相以後的態度，卻宛如右翼勢力的代言人，內

---

106 《太平洋戰爭への道—第四巻日中戰爭（下）》，第50頁；岡義武，前引書，第50頁。

107 岡義武，前引書，第89—90頁。

108 岡義武，前引書，第90頁。

閣由之無法抑制右翼的動態。束手無策的近衛，甚至對昭和天皇上奏說：「末次是本內閣的癥結」。[109]因此，近衛一直想辭職，以早日脫離這個苦海。近衛對他的好友原田熊雄表示：「人們太高估我了。我怎麼能當總理大臣，真是僭越至極」。[110]

宇垣一成就任外相以後，很努力於與國民政府的和平工作。他希望日軍尚未攻佔漢口以前，能夠找到和談的頭緒。六月二十六日，駐香港總領事中村豐一來電說，孔祥熙的親信喬輔三欲與其見面，以試探和平的條件，而有所請示。宇垣甚至親自擬具給中村的訓令，叫他進行，並要中村回國面談有關事宜，且決定中村、喬會談相當成熟以後，孔祥熙將秘密前來九州雲仙，以便與宇垣面商。[111]

此時，為處理中日事變，日本政府要成立一個直屬於首相的中央機關「對支院」。這個

---

109 原田熊雄述《述寺公望と政局》第7卷（東京：岩波書店，一九六七），第207—208頁；岡義武，前引書，第94頁。

110 岡義武，前引書，第93頁。

111 《宇垣日記》，第326—333頁；石射，前引書，第276—277頁；拙譯《石射豬太郎回憶錄》，第107—108頁。

機關如果成立，不僅將減少外相的許可權，將在佔領地設立機構，現在當地的政務，也將由其掌理。為反對這個方案，宇垣終於九月二十九日，向近衛首相提出辭呈。[112]對於宇垣的提出辭職，近衛還表示他不知道宇垣為什麼不幹，可見近衛自改組了他的內閣。

的確，改組後的近衛內閣，每況愈下，西園寺之對其秘書原田說：「現今的內閣像是一個聯邦」，[113]不是完全沒有道理。

在這樣狼狽的情況之下，於一九三九年一月四日，近衛內閣終於提出辭職。對於第一次近衛內閣，近衛本身在其於記作了這樣的總結：

在第一次內閣、過去一年多我的首相生活的結論是，我的內閣是極其宿命的中間內閣、沒有任何輿論作後盾。

自齋藤內閣以來，西園寺公（公爵）所提示的對軍部方針，在主義（原則）上就是反對的，但可以說潮流或時潮，一切內閣都不得不成為中間內閣，而常識化和固定化。尤其是

112 《宇垣日記》，第323—326頁。宇垣認為，近衛門第、見識高超，但欠缺領導內閣的能力，非打開困局之才。見該書第325頁。

113 《西園寺公望と政局》第7卷，第203頁。

統帥與國務，猶如外國的東西，互相乖離，而為其橋樑的，是性質極其曖昧的陸軍大臣。而且，這個陸軍大臣，經常要致內閣的死命。內閣亦即國務，因此也就成為只是被統帥所操縱的很脆弱的東西而已。國民生活和外交政策，與國民的思想輿論，毫無關係，而為軍部，極端來說是由模糊不清，無從捉摸的統帥影子所決定、修正和放棄。我曾屢次要求軍部大臣求得這個模糊不清、無從捉摸的軍部意志的真面目，這是為了或多或少滿足自己的政治責任和政治良心所為。當時，為著轉變對支（中國）政策，我懇請宇垣氏出任外相，而宇垣氏的對支政策又遭軍部的修改、廢除而遭挫折，鑒於軍部對我攻擊之增強，我為負起擴大支那事變之責任，遂清算和放棄我作為中間的存在，而有獲得國民輿論作後盾，以抑制軍部的決心和希望。

今日，要以各政黨的力量抑制軍部是不可能的。因此，我得出這樣的結論：唯有成立與已有政黨不同的國民組織，在全國國民之間生根的組織，及以它的政治力量為背景的政府，才能抑制軍部，進而解決日支事變，而為研究其組織化，乃是我第一次內閣總辭職時的很大的希望。[114]

114 風見章，前引書，第186—187頁。

四

幾乎在宇垣外相與孔祥熙進行和談事宜的同時，傳出了陸軍省軍務課長影佐禎昭，從香港請國民政府外交部亞洲司司長高宗武到東京，秘密策動誘出汪精衛的情報。而對於汪精衛工作，近衛是盡了力的，但他並沒有意思要汪精衛成立新政府，而是希望以汪為橋樑，與國民政府和談。[115]

根據第一次近衛內閣書記官長風見章的說法，如果不是為了汪精衛工作，近衛一定於一九三八年十一月底以前就提出辭職。因為近衛要他代擬辭呈是在十月下旬，風見將辭呈草稿交給近衛是十一月三日，而一直拖到隔年一月，乃是為了等著汪精衛逃出重慶。[116]

近衛下臺後，出任樞密院議長，而又以無任所大臣（不管部部長）入平沼騏一郎內閣，

115　風見章，前引書，第170—171頁。

116　風見章，前引書，第13頁；陳鵬仁：《影佐禎昭與汪精衛》，《中國文化大學政治學研究所學報》一九三X年一月號。關於汪偽政權，邵銘煌博士論文《汪偽政權之建立與覆亡》（未刊）很值得一讀。

就是為了要繼續為汪精衛工作「服務」。一九三九年六月十四日，據說近衛曾與訪日的汪精衛筆談大約三個小時半，近衛從乃父篤麿關心中國問題，及與孫中山的關係談起，使汪精衛大受感動，而說「近衛公（公爵）是位非常了不起的政治家。日本有這樣的人物，日本必很有前途」。[117]

一九三八年七月八日上午九時，近衛曾與為瞭解日本國情，擅自秘密前往日本的外交部亞洲司司長高宗武，會談大約一個小時。他們見於近衛住宅，在座者還有松本重治。此時近衛說：「現在我的使命是在使兩國將來勿再重演此種悲劇」。並表示他不贊成冀東自治：「日本之對華基本要求在乎提攜，在乎合作，絕無侵略中國領土主權之意」。[118]從各種角度來判斷，近衛應無帝國主義思想，亦無侵略中國之意圖。

前面我們說過，近衛下臺以後，很想組織一個以民意為後盾的政黨，俾能控制軍部，以解決中日事變。於是由近衛的親信風見章、有馬賴寧、木舍几三郎等人開始新黨運動。近衛

117 矢部，前引書，第104頁。

118 高宗武：《東渡日記》，總統府機要室特交檔案第27卷。

的基本構想是擬以現有政黨二成，新興勢力三成的比率，形成新的政府勢力。[119]惟因大家看好近衛的政治行情，故所有政黨皆爭先恐後地自動解散，俾趕搭這部新巴士。這種情勢，使近衛大感驚愕，並不以為然。近衛曾對木舍几三郎說：

真糟糕、大家在大叫新黨派，但究竟有多少成的人真正感覺需要新政黨而大喊，我實在不懂。你我的目標是要儘量避免與軍隊正面衝突，組織新黨，以此政治力量在某種程度上抑制軍的橫蠻，但所謂新黨派的人士中，卻似有不少人欲組織親軍黨、軍政黨，以抬我轎子者。如果普通議員這樣做還情有可原，但堂堂新黨派之幹部中有不少這樣的分子，所以我不能輕易接受。此外，右翼方面，亦拼命宣傳近衛之組織新政黨，是為了要再重演幕府政治。早上，原田（熊雄）來電話說，這些人明天要在東京全市分發反對新黨的傳單。當然，我知道其背後有軍的操縱，今後我們的聲音愈大，軍內陰險的反對工作必將愈來愈激烈；我最耽心的是，所謂新黨派的幹部，有沒有與其對抗的氣概。[120]

對於只順著時勢，為自己利益，不顧國家前途，想跟著近衛，俾分得一官半職的機會

119　矢部，前引書，第111頁。

120　風見，前引書，第207頁。

主義者，近衛覺得非常討厭，故對新黨運動日益慎重。因此對於報紙根據有人說近衛有意出馬，近衛便對媒體表示：成立新政治體制是有必要的，但「只是解散政黨，撤除中間的門扉忽聚忽散，說這就是新政治體制，那簡直是欺騙國民」，必須喚起全國國民，其組織與思想亦必須符合時代的要求，只是拍軍的馬屁，盲從軍部實毫無意義，「如果一切要聽從軍部，不如索性就實施軍政」。[121]

近衛辭去首相以後，經過平沼騏一郎（一〇三五年一月三日）、阿部信行（一九三九年八月三十日）和米內光政（一九四〇年一月十六日）三個內閣，於一九四〇年七月一十七日，近衛又奉命組閣，成立第二次近衛內閣。

對於大家要他組織新內閣，近衛曾在元老座談會席上表示：應由精通軍事者出任，他自己既沒有這個力量，也沒有這個心理準備，[122]惟因內大臣木戶幸一以下，前首相若槻禮次郎、平沼騏一郎、林銑十郎、岡田啟介和樞密院議長原嘉道都支持他，故近衛只有接受。

121　矢部，前引書，第112頁。

122　《木戶幸一日記》下卷（東京大學出版會，1984），第806頁；內川芳美編《中國侵略と國家總動員》（東京：平凡社，1983），第148頁。

成立第二次近衛內閣以後，於七月二十六日通過「基本國策要綱」，一向稱為「帝國」者，改稱為「皇國」；開始使用「八紘一宇」這個用語；「東亞新秩序」，改稱「大東亞新秩序」。

第二次近衛內閣所做最重要的第一件事是，簽訂日德意三國同盟。外相松岡洋右堅持簽訂此項同盟，是基於以下的理由：（一）對德國的軍事力量認識不足；（二）為對抗美英對日本的壓迫；（三）急於早日解決中日事變；（四）屈服於陸軍的壓力；（五）期待德國協助日本與蘇聯改善邦交。松岡以為日德意同盟加上蘇聯的力量，可以迫使美國就範，沒想到最終導致日本與美英開戰。所以日本與美國開戰那一天，松岡對其至友齋藤良衛表示：「締結三國同盟是我一生中最大的失策」，而流下眼淚。[123]

一九四〇年三月三十日，汪偽政權正式成立於南京，但與此同時，近衛還是努力與重慶接觸，希望與國民政府進行和談。而所謂宋子良工作（桐工作）和錢永銘工作就是例子，但

123 栗原健：《天皇—昭和史覺書》（東京：原書房，一九八六），第152—153頁。譯者讀過此書，以『昭和天皇備忘錄』書名，於二〇〇〇年，由臺北國史館出版。

都沒有成功。日本政府之一直拖延正式承認汪的政權八個月之久，就是由於這種原因。[124]

第二次近衛內閣成立以後，於七月二十七日的大本營政府聯絡會議上，作了決定日本命運的重大國策（隨世界情勢變遷之時局處理要綱），其要點為促進中日事變的解決，帝國南進（包括行使武力）；加強與德意的合作，迅速調整與蘇聯的邦交。

時局處理要綱的第一項說：「關於處理支那事變，將集政戰兩略綜合之力於此，尤其要斷絕第三國之援蔣行為，將盡一切手段以策動重慶政權迅速屈服」。[125]換句話說，近衛首相終於得到這樣的結論：除非請美國出面調停，不可能解決中國問題，因而決定開始與美國交涉。

日本與美國的交涉，因為種種陰錯陽差，外相松岡的估計錯誤，以及美國的堅定立場，而無法很順利進行。尤其是以「日本之希特勒」自居的松岡，使近衛束手無策。松岡不知道德蘇將要交戰（六月二十二日開戰），以為日德意三國同盟和蘇聯的「友好」能夠阻止美國

---

124 拙稿《影佐禎昭與汪精衛》，前引文，第178頁；拙譯《汪精衛降日密檔》（聯經出版社出版）一書，收有影佐禎昭的回憶錄《曾走路我記》，本書亦收錄。

125 外務省編《日本外交年表並主要文書（一九四〇—一九四五）》（下）（原書房，一九？八），第437頁。

之參戰，甚至主張不惜與美國一戰，昭和天皇很擔心與美國戰爭，因此對內大臣木戶幸一提出更換外相。而且美國也將美日交涉遲遲不進的責任完全推給松岡，近衛以其起用松岡致使鬧到這種局面，乃於一九四一年七月十六日提出總辭職。

五

七月十七日，舉行重臣會議討論結果，日皇還是令近衛再出面組閣。海軍大將豐田貞次郎接任外相，七月十八日正式成立第三次近衛內閣。

為打開與美國的外交僵局，近衛甚至準備前往美國，親自與美國總統羅斯福會談，並征得海軍的贊成，必要時將以密碼電報，呈請日皇核准所談結論；惟因陸相東條英機以美國的讓步為條件才能同意；後來因美國未同意，近衛美國之行才沒有實現。[126]

九月六日，舉行御前會議，討論「帝國國策遂行要領」，這是以對美英進行交涉，到十月下旬左右要完成戰爭準備為內容。即與美國的外交交涉，到十月上旬前後，如果未能貫徹日方的要求，日本決定與美、英、荷開戰。[127]

御前會議的前一天，昭和天皇曾召見近衛首相、杉山參謀總長和永野（修身）軍令部總長，有所垂詢，就當日的情形，《近衛手記》有這樣的記載：「陛下問杉山參謀總長：『日美開戰，陸軍確信多少時間能夠解決她？』總長奉答說：『南洋方面準備三個月左右把它解決』。陛下又問總長：『我記得爆發中日事變當時，你是陸相，那時你以陸相身分說：一個月左右可以解決事變，但經過了四年之久還不能解決』，總長惶恐地囑囑嗦嗦辯解中國內地廣闊，不能照預定作戰的理由，於是陛下大喝一聲對總長說：『你說中國內地廣闊，太平洋

126 栗原，前引書，第164頁；田村幸策：《太平洋戰爭外交史》（鹿島研究所出版會，一九六六），第415—420頁；蘆田均：《第二次世界大戰外交史》（東京：時事通信社，一九六二），第312—323頁。

127 《日本外交年表並主要文書》（下），第544頁。

更廣闊，你有什麼根據說三個月』，總長只有低著頭，無以為答……」[128]

對於打開與美國交涉的僵局，近衛日趨焦急，但美國對日本的猜疑根深蒂固，正如比爾德（Charles A. Beard，一八七四－一九四八）所說，因為日本人擁有很長的「野蠻行為」的記錄，近衛與「渴望血的軍國主義者」沒有太大的差別，想騙美國人。[129]

在這樣情況下，於近衛五十歲生日的十月十二日，近衛邀請了東條陸相、及川（古志郎）海相、豐田海相和鈴木（貞一）企畫院總裁到他的公館荻外莊，舉行最後一次有關和戰的會議。此次會議整整開了四個小時。

在這會議席上，東條的發言最重要和最有決定性。

東條：在日美交涉，駐軍問題（日軍駐中國大陸問題——引述者）絕對不能讓步。如果美國肯屈服，那就自當別論，否則交涉沒有成功的希望。

及川：現在已到決心戰爭，或繼續外交交涉的關頭了，如果要交涉，就停止戰爭準備，專門交涉，但這以交涉有希望為前提，交涉二、三個月以後，中途變更是不行的。我贊成由

---

128 《昭和天皇回憶錄》陳鵬仁譯，臺灣新生報社，一九九一，第56頁。

129 矢部，前引書，第161頁。

首相裁決。

近衛：外相的看法如何？

豐田：因有對手，故不敢說絕對有自信。

東條、及川：被拖延相當長期間，然後說交涉不行，改為主張戰爭，這是大有困難的，所以請現在作出決定。

近衛：不管選擇哪一條路，都有風險。問題是哪一條路風險更大。如果現在要做決定，我決定繼續交涉。

東條：外相是不是沒自信？外相的說辭不能說服統帥部。

近衛：比較兩者結果，我要選擇交涉。

東條：這只是首相主觀的意見。這樣無法說服統帥部。

及川：我也同意。

東條：首相不要這樣早做結論。我要聽聽外相的意見。

豐田：這要看條件如何，現在最困難的是駐軍問題，在這一點陸軍如果完全不讓步，交涉沒有成功的希望。但如果可以稍微讓步，交涉的成功不能說絕對沒有希望。

東條：駐軍問題是陸軍的生命，絕對不能讓步。

近衛：是否可以舍名取實，形式上照美國的意思去作，只要得到與實質上駐軍的同樣結果則可。總之，我一定要選擇外交交涉。如果要戰爭，我不能負責任。

東條：九月六日的御前會議，不是決定外交交涉如果沒有成功的希望，就要開戰了嗎？這個會議首相也是參加的，故說不能負責任，實在令人夭法難解。

近衛：我的意思是說，對於交涉有更大的自信，卻要我往沒有自信的路走去，我就不能負這種責任。御前會議的決定，是就外交交涉沒有成功希望時候而言的。現在不是沒有希望，而是很有自信。[130]

九月十四日，舉行內閣會議之前，近衛又請來東條，要他以務實的態度原則上同意撤軍；並說「在支那事變經過四年還不能解決的今日，又要進入毫無把握的大戰爭，無論如何我不能同意」。但東條絕對反對，且說：「這是個性的不同」。束手無策的近衛，曾對其親信說：「陸軍要打一場必敗的仗。海軍說沒有自信，陛下也反對戰爭，怎麼說陸軍皆聽不進去。實在太愚蠢了。」[131]由於近衛與東條無法獲得共識，加以陸軍開始要求近衛下臺，因此

---

130 矢部，前引書，第164頁。

131 矢部，前引書，第16頁；岡義武，前引書，第186—188項；粟原，前引書，第170頁。

近衛以因日美外交交涉與陸相意見不合為理由，於一九四一年十月十六日終於提出辭職。第三次近衛內閣，前後只有三個月便「壽終正寢。」

六

東條英機繼近衛之後組織內閣。東條首相自兼陸相和內相，後來又兼參謀總長，這是史無前例的。十二月八日，在箱根聽到對美國宣戰之電臺廣播的近衛，立刻趕回東京。對於往訪近衛於華族會館的細川護貞，[132]近衛說：「糟糕了。我感覺（日本）會敗得很慘。這樣的情況（贏的轟轟烈烈——引述者），頂多只有兩三個月。」[133]如近衛所意料，日本占優勢的日子並不長，自中途島（Midway Island）戰役（一九四二

132 細川護貞，是近衛文麿的女婿，前日本首相細川護照的父親。

133 細川護貞：《近衛公の生涯》，收於《近於日記》，第150頁。

年六月五日）之後，美軍已經掌握了太平洋戰爭的主導權。一九四四年六月十九日，塞班島（Saipan Island）落入美軍手裡；十月二十日，美軍進攻萊特島（Leyte Island）；十一月二日，B29開始轟炸東京，十日，汪精衛病逝於名古屋帝國大學附屬醫院。

一九四五年二月十四日，近衛晉見昭和天皇，上奏三點：（一）日本一定戰敗；（二）憂慮戰敗後共產主義很可能得勢；（三）憂軍部內的革新運動。

近衛曾與若槻禮次郎、岡田啟介、平沼騏一郎密取聯繫，策動打倒東條；昭和天皇胞弟高松宮宣仁甚至一度欲幹掉東條。[134]不過昭和天皇很信任東條，[135]故近衛曾對人表示：昭和有若木戶的傀儡，上奏日皇的事，馬上會告訴木戶，木戶便立刻轉告東條。[136]木戶與東條交情很不錯，東條不喜歡昭和聽到不必要的「雜音」，所以連近衛三年多都沒有單獨晉見昭和的機會，就是由於這個原因。

---

134 這是前兩年，細川護貞來臺北訪問時，作者親自聽他細說的。《細川護貞座談》（東京：中央公論社，一九九〇），第182—186頁。

135 《昭和天皇回憶錄》，第74—81頁。

136 矢部，前引書，第177頁。

到最後關頭的一九四五年七月十二日，昭和召見近衛，要他前往蘇聯去請蘇聯出面調停和平。近衛且已經準備好了飛機和隨員，但此時蘇聯已經決定向日本宣戰，故托詞推諉，對近衛之擬往訪，不做正面答覆。七月二十六日，盟國發表「波茨坦公告」，八月六日，美國對廣島投下第一顆原子彈；八月八日，蘇聯對日本宣戰，日本終於在八月十五日無條件投降。

十一月二十二日，近衛以其曾三任首相，但未能解決中日事變和對美關係，致使國家滅亡，罪過重大，乃拜辭一切榮爵，謝罪於萬一。十二月六日，盟軍總部通緝近衛。近衛以公卿之尊，不肯就逮，乃於即將被捕的十二月六日凌晨，服毒自殺。享年五十五歲。

近衛文麿在自殺的前一天晚上，與其次子通隆談到隔天早晨兩點鐘左右。當時通隆要求其父親寫些東西，並給了鉛筆，近衛遂寫下了他的心情：

自支那事變以來，我在政治上犯了許多過錯。對此我深感責任，但要以所謂戰犯身份在美國法庭受審，是我所不能接受的。尤其是我對支那事變負有責任，故以解決事變為我最大的使命。

（抗戰勝利五十周年兩岸學術研討會論文）

附錄三　日本人眼中的東條英機

陳鵬仁

最近，日本推出了一部為東條英機辯解，甚至推崇他的電影，叫做《尊嚴・命運的瞬間》。

如所周知，東條是以現役陸軍大將出任首相，同時兼任陸軍大臣和參謀總長，集國政軍政和軍令於一身，向美國開戰，導致日本亡國的人物。

而推薦東條出任首相的是當時的內大臣木戶幸一。木戶幸一在其日記說，其所以推薦東條，是由於相信東條能壓住陸軍，繼續與美國交涉，最後能避免與美國衝突。

但美國以日軍全面由中國大陸撤退為條件，可是東條卻認為，日軍如果全部由中國大陸撤退，日軍將整個崩潰，因此絕對不能接受。

東條這種態度，在近衛文麿內閣時，以陸軍大臣身分，對近衛首相很清楚地表明過，因而與近衛首相對立，並說這是「個人見解的不同」。

所以，將明明不會接受美國條件之東條推薦為首相，木戶幸一的腦筋實在大有問題。這可能有兩個原因：一、木戶等人可能認為，美國的條件還有討價還價的餘地；二、日本人以為德國在歐洲戰線可以獲得勝利，以此為前提來與美國交涉。這應該是木戶等人失算的最大原因。

關於東條英機這個人，被譽為日本陸軍最傑出戰略家的石原莞爾，說東條是「不學無術的人」，「頂多只能作陸軍省的高級副官」，石原最後被東條迫退現役，與東條勢不兩立。戰後，在東京遠東國際軍事法庭作證，揭露日本軍國主義者陰謀，最後階級為陸軍少將的田中隆吉，批評東條是「統制派軍人的傀儡」、「權力主義者，名譽心的化身」。

陸軍的老前輩，擔任戰時陸軍大臣的陸軍大將宇垣一成，評論東條是「最好的戶籍官吏」，「肯努力但沒有見識」，「因此始終自以為是」。

而一般的評論是，東條非常忠於天皇，辦事能力強，曾為東條內閣之商工大臣的岸信介也說，處理事務，整理資料，無人能出其右者。

曾任首相之細川護熙的父親細川護貞是近衛文麿的女婿，前幾年他與其夫人來臺北，馬樹禮先生招待晚餐時，我曾作陪。在這席上，細川護貞說，昭和天皇胞弟高松宮非常不滿東條的獨裁行徑，而與時任近衛秘書的細川商量，準備把東條叫來高松宮邸，由細川以日本刀予以砍殺。後來，高松宮以為這樣幹掉天皇的重臣不適宜而作罷。

今日日本，確有一大批不肯承認日本曾經侵略中國的人士，而《尊嚴・命運的瞬間》這部電影，可以說是這些人的心聲的代言作品。不過就今日高興日本變成民主主義國家的人們而言，使日本走上敗戰之路的東條英機，未嘗不是「民族的救星」。

（原載《中華日報》一九九八年七月五日）

譯者的話

本書內容，是由「近衛日記」和特別資料「第二次及第三次近衛內閣日美交涉之經過」（草稿）構成。「近衛日記」是於一九六八年三月，由共同通信社出版。日記部分之注解，系由該通信社之浜田寬和橫堀洋一所注，譯者依情況，予以取捨，或加以補充而成，這是要特別說明的一點。

其實，「近衛日記」還有近衛之女婿細川護貞所寫「近衛公爵之生涯」，以及林茂「『近衛日記』之意義」二文。因為都是補充「近衛日記」文章，故沒有翻譯。

細川護貞在十幾年前，訪問了臺灣，馬樹禮駐日代表請他晚餐時我曾作陪。當時細川談到昭和天皇胞弟高松宮，看到當時之首相東條英機太跋扈和獨裁，準備把他叫來，由細川以日本刀砍殺，後來高松宮覺得這樣幹掉天皇之重臣不好而作罷的經過。

林茂曾任東京大學教授，為日本政治史的專家，是我在東京大學時代的老師。

細川文提到，爆發太平洋戰爭之一九四一年十二月八日的那一天，他到華族會館看了近衛。那時大家都對於偷襲珍珠港成功而在歡欣鼓舞，興高采烈時，近衛對細川說：「真是糟糕透了。我感覺悲慘的敗北。這種情況頂多兩三個月」。

東條以近衛為敗戰主義者，乃命令憲兵監視近衛。所以近衛對於這件事覺得非常不爽。「近衛日記」有一張近衛穿中國服的照片，我覺得蠻有意思的。

一九四五年八月，日本無條件投降，盟軍佔領日本。馬上開始逮捕戰犯。該年十二月六日之逮捕令中有近衛名字。近衛以自己是為避免美日戰爭努力奮鬥的人，今日盟軍卻要以戰犯逮捕他。他覺得這根本沒有道理，乃於十二月十六日，服毒自殺，享年五十有五。

十五日晚上，十一時左右，近衛想睡覺，其公子通隆說「今天晚上我陪您睡好不好？」近衛說「我一個人時才能睡」，乃要通隆和他多談。於是用硯臺匣子作墊子，用鉛筆寫了「我的心境」，這就是近衛的遺書。

近衛通隆，因有時候和馬樹禮在東京郊外小金井球場一起打高爾夫球，中午我便和他們一起（那時我還沒有開始打高爾夫球，他們打球時，我便在那裡看書）。當時近衛通隆是東京大學的人類學副教授。

在本文之外，我附錄了第一、第二、第三次近衛內閣之閣員名單。另外附上　約拙作《近衛文麿與中日戰爭》、《日本人眼中的東條英機》，我所譯昭和天皇回憶錄中有關三國同盟、美日交涉以及對美開戰之文章四篇作為附錄，供各位學人和讀者參考。

最後我要感謝蘭臺出版社幫我出版這本極有史料價值的書，並請各位專家和同好指正。

陳鵬仁

二〇一二・四・二・臺北

國家圖書館出版品預行編目資料

近代中日關係研究. 第一輯：日本近衛文麿日記 / 近衛文麿編者 / 陳鵬仁譯著. -- 初版. -- 臺北市：
蘭臺出版社, 2021.05
冊；　公分-- (近代中日關係研究第一輯；8)
ISBN 978-986-99507-3-2(全套：精裝)
1.中日關係 2.外交史
643.1　　　109020145

近代中日關係研究 第一輯 8

日本近衛文麿日記

編　　者：近衛文麿
譯　　者：陳鵬仁
主　　編：沈彥伶、張加君
編　　輯：盧瑞容
美　　編：陳勁宏
校　　對：周運中
封面設計：陳勁宏
出 版 者：蘭臺出版社
地　　址：台北市中正區重慶南路1段121號8樓之14
電　　話：(02)2331-1675或(02)2331-1691
傳　　真：(02)2382-6225
E—MAIL：books5w@gmail.com或books5w@yahoo.com.tw
網路書店：http://5w.com.tw/
https://www.pcstore.com.tw/yesbooks/
https://shopee.tw/books5w
博客來網路書店、博客思網路書店
三民書局、金石堂書店
經　　銷：聯合發行股份有限公司
電　　話：(02) 2917-8022　傳 真：(02) 2915-7212
劃撥戶名：蘭臺出版社　帳號：18995335
香港代理：香港聯合零售有限公司
電　　話：(852)2150-2100　傳真：(852)2356-0735
出版日期：2021年5月 初版
定　　價：新臺幣12000元整（精裝，套書不零售）
ISBN：978-986-99507-3-2